LEFKADA

KOMPLETT

INHALT

EINFÜHRUNG

Lefkada (Levkada, Leukas, Lefkas) liegt fünf Autostunden von Athen und fünfeinhalb Stunden von Thessaloniki entfernt, ist fast mit dem Festland Griechenlands (Akarnania) verbunden und vereinigt alle Vorteile des Festlandes mit den Reizen einer wunderschönen Insel. Mit ihren unzähligen Farbschattierungen, die es auf keiner Palette der Welt gibt, schenkt sie uns idyllische als auch gewaltige Eindrücke und bietet dem Besucher die Möglichkeit, sich in der Geschichte der Eptanisia zu verlieren und fast an jeder Ecke auf aufregende Geheimnisse zu stoßen.

Lefkada ist ein Paradies aus Farben, Tönen und Düften:
Die Blauschattierungen des Ionischen Meeres, die geheimnisvollen Spiegelungen der Lagunen, die verschiedensten Grüntöne seiner üppigen Vegetation, die unzähligen Farbnuancen des Frühlings, aber auch des ersten Herbstregens, der die Blätter der Büsche auf den Waldwegen rot verfärbt, die Durchsichtigkeit der Atmosphäre, die die Berge des Epirus und Aitoloakarnanias ganz nah erscheinen lassen, die Fische, die auf der silbernen Spur des Augustmondes aus dem Meer aufspringen wie auch seine bunten Häuser. Hier harmonieren die mittägliche Stille des Sommers mit dem Rauschen des jahrhunderte alten, silberblättrigen Olivenwaldes, den der kühlende Maestro liebkost und dem monotonen Geräusch des Regens auf den Wellblechdächern, der uns die Wärme und Behaglichkeit der Häuser noch intensiver bewusst macht.

Und überall die Menschen dieser Stadt, die ihr Leben friedlich in den schönen alten Traditionen ihrer Vorfahren fortsetzen: sei es durch die Teilnahme im Symphonieorchester, den Verbänden und Vereinen, der Bibliothek oder den Museen. Wer in den stillen Gassen der Stadt umherwandert, lernt ihre Geschichte kennen, ihre Kirchen, die schönen Herrenhäuser, in denen berühmte Persönlichkeiten Lefkadas lebten, welche die Kultur und Bildung des ganzen Landes mitbestimmten, die engen Gassen, die zu Zeugen bedeutender Momente der zeitgenössischen Geschichte wurden.

All dies ist für uns Lefkada, das wir lieben. Mit diesem Führer möchten wir Ihnen dabei behilflich sein, Lefkada zu entdecken.

REISEFÜHRER FÜR EINEN KURZURLAUB

Für Besucher, die Lefkada z. B. für ein verlängertes Wochenende besuchen, bieten sich drei Haupttouren an, auf denen Sie einen schönen ersten Überblick über die Insel erhalten.
Wenn Sie der Tour Nr. 2 folgen, lernen Sie einen großen Teil des östlichen Teils der Insel kennen. Sie durchquert das stets ruhige Meer, welches Lefkada von Aitoloakarnania trennt und führt durch grüne Natur, vorbei an archäologischen Stätten und in Dörfer mit malerischen Fischtavernen. Diese Tour können Sie bei jedem Wetter unternehmen und z. B. an windstillen Stränden schwimmen, wo es fast nie Wellen gibt. Die schmückende, üppig grüne Vegetation reicht bis zum Strand und trifft dort auf alle Nuancen von Blau. Die Touren 4 und 5 führen durch den westlichen Teil Lefkadas mit seinen steilen schroffen Felsen und dem herrlichen Meer. Hier befinden sich einige der schönsten Strände des Mittelmeeres sowie das beeindruckende Kap von Levkata, auch die Kavos tis kyrias genannt.

Auf diesen Touren befinden sich, wie gesagt, die berühmten Strände Lefkadas, von den Sie sicher schon gehört haben: Kathisma, Enkremni und Porto Katsiki. Wenn Sie sich zur sehr lebhaften Hauptsaison (20.07. - 20.08.) auf Lefkada befinden oder womöglich noch über einen Feiertag während dieser Periode, sollten Sie diese Strände nur morgens oder gegen Sonnenuntergang aufsuchen. Andernfalls könnte es strapaziös werden. Während des Tages sollten Sie die Strände Enkremni in der Nähe von Porto Katziki besuchen, vorausgesetzt, Sie sind gut ausgeruht (es gilt viele Treppenstufen zu bewältigen), oder den Strand Mylos von Agios Nikitas oder auch die Strände von Kalamitsios oder die Pevkoulia. Wunderschön sind auch die Strände rund um die Stadt wie Kastro, Gyra oder Ai Giannis, die auch von den Bewohnern von Lefkada bevorzugt werden.
Wenn Sie Zeit für eine dritte Tour haben, empfehlen wir die Tour Nr. 6, die ins gebirgige Hinterland führt. Dort ist der typische und landwirtschaftliche Charakter in großem Umfang erhalten geblieben mit wunderschönen Dörfern und malerischen Steinhäusern, hier tragen die Frauen noch immer die traditionelle Tracht von Lefkada und die Felder werden allen Widrigkeiten zum Trotz hartnäckig bestellt. Ein Spaziergang oder eine Fahrradtour rund um die Stadt nach Gyras, der Lagune von Ai Gianni, zum venezianischen Olivenhain sowie in die engen Gassen der alten Stadt werden Ihnen außerdem einen umfassenden Eindruck von Lefkada vermitteln. Und beim nächsten Mal gibt es noch soviel mehr zu entdecken!
Zum Essen schließlich sollten Sie die Tavernen der Stadt, des nahen Lygia oder westlich in Agios Nikitas wählen. S. auch Seite 170.

Die Burg Agias Mavras in der Mitte des 16. Jahrhunderts / Francesco Camoccio
Sammlung Spyros und Mary Stavros

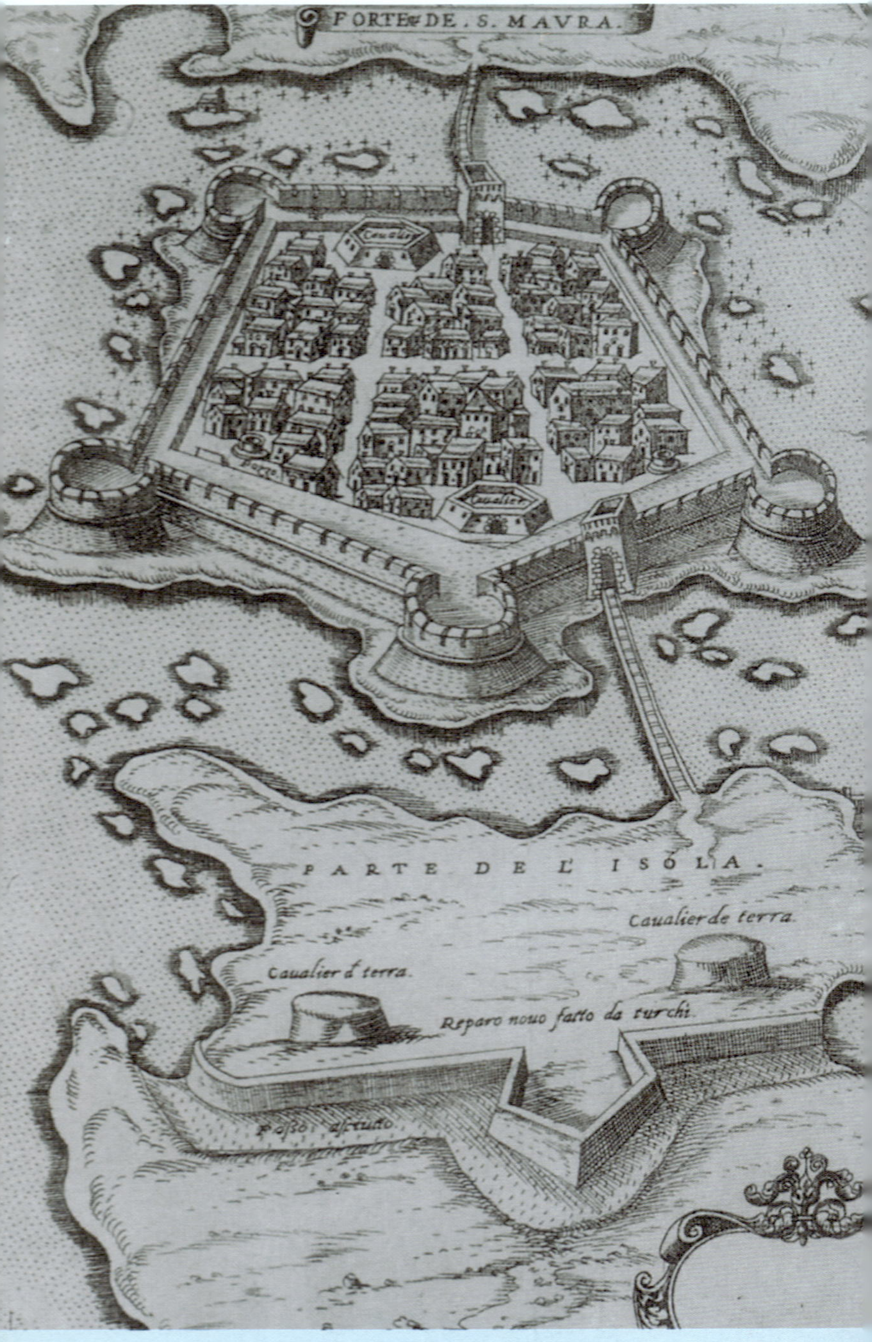

HISTORISCHER ÜBERBLICK

- **Im 7. Jh. v. Chr.** ist Lefkada Kolonie der Korinther, welche erstmals den "Kanal" öffneten, um hier mit ihren Schiffen Richtung Norden passieren zu können. 2,5 Kilometer südöstlich der heutigen Stadt Lefkada befand sich zwischen den Dörfern Kalligoni und Karyotes die damalige Hauptstadt der Insel, Nirikos, die von 272 bis 197 v. Chr. gleichzeitig auch Hauptstadt der Bevölkerung von Akarnania war und dann von den Römern besiegt wurde. Lefkada beteiligte sich an der Seeschlacht von Salaminas, der Schlacht von Plataeon und dem Peleponnesischen Krieg (an der Seite der Spartaner). 338 v. Chr. wurde es von Philipp dem Makedonier erobert. Nach heldenhafter Verteidigung fiel Lefkada schließlich an die Römer (2. Jh. v. Chr.).
- **1204:** Die Insel wurde dem Despotat Epirus einverleibt.
- **1294:** Der Despot von Epirus, Nikiforos I., vermählt seine Tochter Maria mit Ioanni Orsini (späterer "Herrscher Kefalonias, Zakynthos und Lefkadas") und gab ihr Lefkada als Mitgift. Orsini errichtete das Fundament der Burg, die sich heute an der Küste von Akarnania am Eingang der Insel befindet. Dort lag auch die mittelalterliche Hauptstadt Agias Mavras.
- **1331-1362:** Eroberung der Insel durch die Anthegavoi. Daran erinnert noch heute der Ortsname Antsousis
- **1357:** Rebellion der Bewohner von Lefkada gegen den Franzosen Gratianos Tsorsi (Grundlage der Dichtung "Foteinou" von Aristotelis Valaoritis).
- **1362-1479:** Die Insel fällt an die Tokkous
- **1479:** Eroberung durch die Ottomanen
- **1502-1503:** Kurzzeitige venezianische Besetzung
- **1503-1684:** Erneute Herrschaft der Türken
- **1684-1797:** Die Insel fällt unter die Herrschaft der Venezianer, die kurz durch eine Eroberung durch die Türken (1715 - 1716) unterbrochen wird. Die Hauptstadt wird danach von der Burg in die Amaxiki verlegt, ihren heutigen Standort
- **1797:** Besetzung durch die demokratischen Franzosen
- **1798-1807:** Russisch-türkische Herrschaft. War seit 1802 Teil der Staaten der Eptanisia, dem ersten teilweise unabhängigen Staat (unter russisch-türkischer Protektion) nach dem Fall des byzantinischen Reiches
- **1807-1810:** Eroberung durch das kaiserliche Frankreich
- **1810:** Lefkada geht an die Engländer, die es in den Staat der Ionischen Inseln eingliedern
- **1819:** Aufstand der Bevölkerung von Lefkada. Unterdrückung, Vertreibung (Hängungen etc.). Teilnahme von Lefkada an der Revolution von 1821
- **1864:** Zusammen mit den anderen Ionischen Inseln wird Lefkada mit Griechenland vereinigt.

Karte von Lefkada / Benedetto Bordone / Bologna 1534
Sammlung Spyros und Mary Stavros

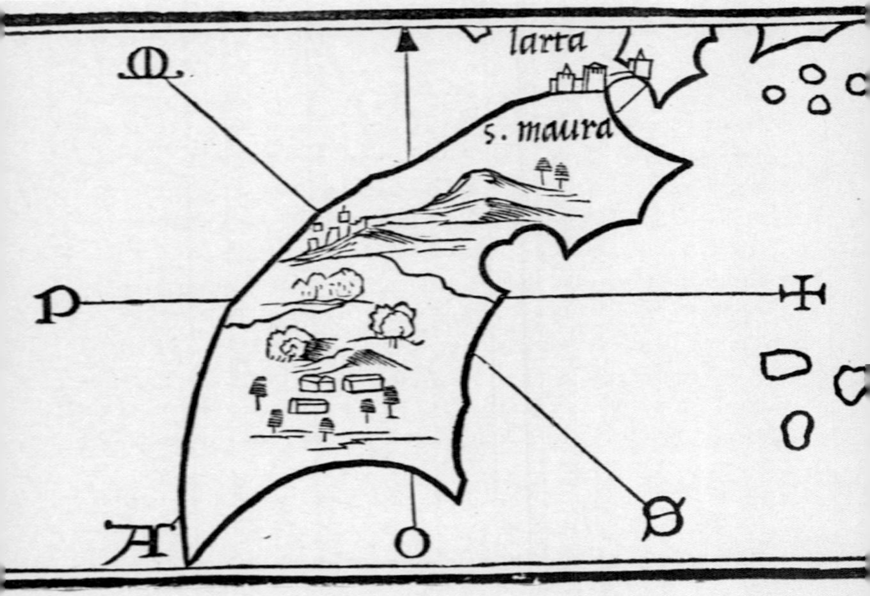

LEFKADA

Die Geschichte der Stadt

Das heutige Lefkada ist seit der Antike bereits die dritte Hauptstadt der Insel. Die erste Hauptstadt der Antike war das in der Region von Kouloumos gelegene Niriko und später, in der ersten Dekade des 14. Jahrhunderts, das von den Mauern des gleichnamigen Kastells umgebene, mittelalterliche Agias Mavras.
Auf Initiative des Venezianers Francesco Morosini wurde die Hauptstadt 1684 an ihren heutigen Standort verlegt, wo sich bis dahin eine Arbeitersiedlung befand, deren Einwohner in der Fischzucht oder im Salzbergwerk von Lefkada tätig waren.
Dieser vom Meer umgebene Ort bot der Stadt idealen Schutz und eignete sich gut zur Verteidigung. Zusätzlich gab er den im Kastell niedergelassenen venezianischen Behörden die Möglichkeit einer besseren Kontrolle.

Als die Venezianer beschlossen hatten, die Hauptstadt an ihrem heutigen Standort zu gründen, folgten sie bei der Stadtplanung dem Vorbild ihrer eigenen Städte. Die städtebaulichen Grundsätze des mittelalterlichen Europas wurden hier aufs Genaueste umgesetzt, so wie sie in keiner anderen Hauptstadt der Inseln der Eptanissia zu finden sind. Ein ebenfalls in Lefkada anzutreffendes typisches Merkmal des mittelalterlichen Städtebaus sind die den menschlichen Bedürfnissen angepassten Größenverhältnisse, ein unschätzbares, im heutigen modernen Städtebau nicht mehr berücksichtigtes Element. Der Grundriss des historischen Zentrums (s. Seite 16) erinnert an ein Fischskelett: Die zentrale Achse, der Markt (Pasari), der eine grundlegende Rolle im täglichen Leben spielt, durchzieht die Stadt von Norden nach Süden. Die senkrecht zu dieser Achse verlaufenden Seitenstrassen, die Sokakia, münden wiederum in parallel zur Marktstraße liegende Gassen. Die Errichtung der Häuserblöcke, insbesondere in den zur Marktstraße parallel verlaufenden Seitenstrassen, wurde so angelegt, dass eine Entwicklung von Nord nach Süd ermöglicht wurde, was die Durchlüftung der Stadt durch Nordwinde (auch aus hygienischen Gründen) begünstigte. Diese Häuserblöcke eigneten sich ideal für die Anlegung von Gärten, die das Stadtbild Lefkadas aufs Schönste bereichern und überall malerische Ecken entstehen ließen, die Inszenierungen gleichen.
Die Stadt begann sich rechts und links der Marktstraße zu entwickeln. Bis zum Zweiten Weltkrieg reichte sie fast bis zur Kirche Agios Minas und dahinter lagen die Herbergen, in denen die Bauern ihre Tiere

Blick auf Lefkada von der Burg aus.
Edward Lear, Views in the Ionian Islands, London 1863
Sammlung der Öffentlichen Bibliothek Lefkada

Die Stadt Lefkada und links im Hintergrund die Burg Agias Mavras

unterstellten, wenn sie von ihren Dörfern aus in die Städte reisten. Oberhalb des Endes der Marktstraße breitete sich die Stadt in den letzten Jahrzehnten weiter aus, hier entstand u. a. das Stadtviertel Neapolis. Bis zum großen Erdbeben von 1948 befanden sich in der Pefaneromeni-Allee im benachbarten Viertel Kousoundelis – abgesehen von zwei oder drei Cafés – die Flüchtlingsunterkünfte der Griechen, die nach der Kleinasiatischen Katastrophe auf der Insel Zuflucht gefunden hatten. Nach dem Erbeben und dem Wiederaufbau Neapolis breitete sich die Stadt über das ehemalige Flüchtlingsviertel weiter in westlicher Richtung aus und erstreckt sich über den Olivenhain (den Kambo) bis an die Strände Gyras und Ai Giannis.

Architektur

Das Konstruktionssystem von Lefkada ist eigenartig. Nach dem zerstörerischen Erdbeben von 1825 lag dem Wiederaufbau der Stadt die englische Erdbebenregelung zu Grunde.

Das Erdgeschoß der Häuser besteht aus Stein und hat ein leichtes Holzdach oder Stockwerke mit Stützen, den "Pontella" die das Gewicht direkt auf das Fundament der Häuser und nicht auf die Steinwände des Erdgeschosses übertragen. Das Holzgestell wird mit Ziegelmauerwerk gefüllt.
Bei einfacheren Häusern besteht diese Füllung aus billigerem Material, wie z. B. getrocknetem Schilf, die mit Lantsa, einem Asbestgemisch, feinem Sand und Wasser angestrichen wird. Innen erfolgt die Abdeckung mit Tünche oder Putzmörtel und im äußeren Erdgeschoss ebenfalls oder – seltener – fehlt sie ganz. Das Stockwerk wird mit Latten gestärkt, entweder mit Tünche oder (in späteren Jahren) mit den billigeren Wellblechplatten verputzt. In manchen Fällen blieb es unverputzt. Die Verkleidung bildete Schutz vor der (intensiven) Feuchtigkeit und sorgte für Isolierung. Die Verwendung von Wellblech am Äußeren der Häuser, das heute bei jedem Haus in einer anderen Farbe angestrichen ist, gibt der Stadt einen besonderen Charakter. Die Nachbarschaft der Insel mit dem Epirus brachte die berühmten Maurer nach Lefkada, die ihre Handschrift in jedem Mauerwerk, den Ecksteinen und der Ummauerung von Fenstern und Türen an Häusern und Kirchen hinterlassen haben. Gebäuden, die in der regionalen Architektur erbaut wurden, begegnen wir überall und können ihre Lage in der Stadt auch anhand der Studie des Architekten **Panagiotis Agryrou** feststellen. Wie er selbst sagt: "Diese Karte (Seite 16) bezieht sich auf die Bedeutung a)von Gebäuden, b)städtebaulicher Strukturen, c)ihre Verteilung im historischen Zentrum.

Die traditionellen Gebäude unterteilen sich in a)besonders wertvoll, b)wertvoll, c)"begleitend" Abgesehen von den Gebäuden sind auch bedeutende Plätze und freie Flächen, wichtige Verbindungswege und Häuserfassaden aufgeführt. Schließlich sind auch charakteristische Elemente, die das gesamte Erscheinungsbild bereichern, wie Dachgeschosse und Pflaster verzeichnet. Es erscheint zweckmäßig, die Beurteilungsgrundlagen der vorhergehenden Kategorien, wo es notwendig ist, genauer zu bestimmen:

Farben beherrschen Lefkada

- Wertvolle und besonders wertvolle Gebäude sind solche, die einen bedeutenden architektonischen Wert haben. Faktoren, die hierfür sprechen, sind in den überwiegenden Fällen ihre verhältnismäßige Größe, manchmal ihre Nutzung, aber vor allem die Fülle und die Authentizität der verwendeten architektonischen Elemente, wie Säulenhallen (Kolonnaden), Unterstände und Dachgeschosse. Wichtigstes Kriterium ist jedoch die Qualität der Gesamtkonstruktion sowie der Gesamtausdruck. Hervorzuheben ist, dass bei den meisten die bauliche Logik, die angemessenen Fenster- und Türöffnungen, die verwendeten architektonischen Elemente, das steinerne Erdgeschoss sowie die hölzernen Stockwerke und allgemein die ganze Konstruktion auf Häuser der englischen Herrschaft verweisen.
- "Begleitende" Gebäude sind solche, die sich in die Gesamtstruktur der traditionellen Stadt eingliedern und sich in das Stadtbild harmonisch einfügen, ohne dass sie von besonderem Wert sind.

• Bedeutende Plätze und freie Flächen sind diejenigen, die von wertvollen Gebäuden umrahmt sind, die sich auf wichtigen Verbindungswegen oder an Knotenpunkten der Infrastruktur der Stadt befinden und eine bedeutende Rolle im Leben der Stadt spielen.
• Als bedeutende Verbindungswege bezeichnet man diejenigen, an denen wertvollen Gebäuden liegen, die bedeutende Plätze und freie Flächen überqueren und im Leben der Stadt eine wichtige Rolle spielen".

Der zentrale Marktplatz
Der zentrale Marktplatz ist eingerahmt von einigen schönen Beispielen der Architektur Lefkadas, wie z. B. dem dreistöckigen Haus der Familie Stamatopoulou an der nordwestlichen Seite des Platzes, in welchem heute die Präfektur untergebracht ist. Bis 1942 existierte ein traditionell erbautes Gebäude, welches als Vereinshaus des "Omonia" fungierte. 1941 wurde das Gebäude von den Italienern beschlagnahmt (die den Platz optimistisch "Piazza della Vittoria" getauft hatten!), es diente als Offiziersclub und brannte im großen Feuer von 1943, das genau hier seinen Ausgangspunkt hatte, völlig nieder. An der südwestlichen Seite befindet sich die Kirche Agios Spyridonas. Auf dem Platz finden verschiedene Veranstaltungen statt, wie z. B. die Gebete während der Osterprozession sowie Litaneien, Konzerte des Philharmonie-Orchesters, Wahlveranstaltungen der verschiedenen Parteien usw.

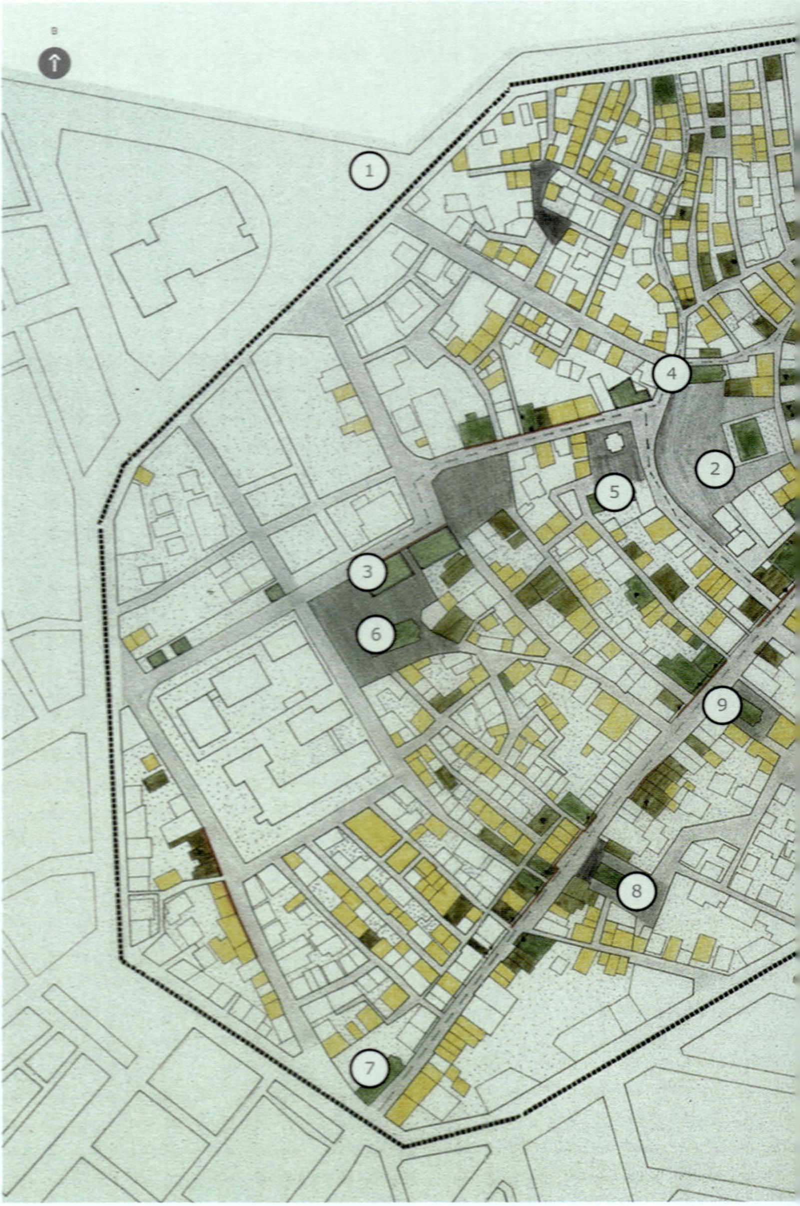

1. Archäologisches Museum
2. Öffentliche Bibliothek
3. Volkskunst-Museum Orfea
4. Kirche der Panagia ton xenon
5. Kirche der Agion Anargyron
6. Evangelistria Kirche
7. Agios Minas Kirche
8. Kirche der Panagia ton Isodion
9. Kirche des Pantokratora
10. Agios Nikolaos Kirche

11. Agios Dimitrios Kirche
12. Hauptplatz
13. Agios Spyridonas Kirche
14. Der Bosketo
15. Die Burg Agias Mavras

Die westliche Mole

Der Bosketo

Der Bosketo

Der kleine Park, der sich am Strand befindet und in dem die Büsten berühmter Dichter, die auf Lefkada geboren wurden, stehen, wird von den Bürgern Lefkadas Bosketo genannt. Zu den Dichtern zählen: Aristoteles Valaoritis, Angelos Sikelianos, Levkadios Hern, Dim. Golemi und Kleanetis Dipla-Malamos. In den letzten Jahren kennt man den Park auch unter dem Namen "Kypos ton Piiton" (Garten der Poeten).

Die Enthüllung der Büste von Valaoritis (1925) wurde mit dem Glanz und der ehrwürdigen Feierlichkeit begangen, wie es dem nationalen Dichter und nationalen Führer der Bevölkerung von Lefkada gebührte, unter der Teilnahme der damaligen Regierung und poetischen Abschiedsworten von Palamas, Sikelianos, Skedaresis u. a. sowie den Bewohnern der gesamten Insel Lefkada und Besuchern aus ganz Griechenland.

Die Schiffwerft am kanal

Der Hafen von Lefkada

Der Hafen von Lefkada

Eine der neuesten Errungenschaften Lefkadas ist ihr Hafen, einer der modernsten in ganz Griechenland, der sich im östlichen Teil der Stadt befindet. Er bietet Ankerplätze für 500 Boote und umfasst außerdem den Kontroll-Turm, ein Gebäude zu verschiedenen Zwecken, Büroräume des Marineclubs, Büroanlagen und Geschäftsräume, ein kleines Hotel, eine Bootsreparatur-Werkstatt, Parkplätze für 445 Autos, Überwinterungsplätze für 300 Boote, ein gut ausgebautes Straßennetz sowie Grünanlagen. Er erstreckt sich über eine Länge von 1.700 m und schwimmenden Anlegern mit einer Länge von 940 m. Es ist sozusagen eine Stadt in der Stadt Lefkada mit ihrem eigenen Leben, mit Bars und Restaurants, die auch von Nicht-Bootsbesitzern besucht werden, um die Annehmlichkeiten und die bezaubernden Wasserspiegelungen mit seinen fantastischen Sonnenaufgängen und dem geheimnisvollen Schimmer des Mondlichtes auf dem Meer zu genießen.

Die Kirche des Pantokratora

Im Inneren der Kirche des Pantokratora

Sehenswürdigkeiten

Die Kirchen von Lefkada

Hauptsehenswürdigkeit der Stadt sind ihre Kirchen. Es sind majestätische, von der venezianischen Architektur beeinflusste Kirchen mit einer Ikonenmalerei, die überwiegend vom Charakter der Ionischen Inseln dominiert wird und mit schönen Holzskulpturen auf Ikonenwänden (manche mit Goldüberzug) ausgestattet sind. Die meisten wurden zwischen dem 17. und 18. Jahrhundert gegründet und ihre Innen-Gestaltung war ca. 1836 abgeschlossen. Die Ikonenmalerei stammt von bedeutenden Malern von Heiligenbildern wie: Panagiottis und Nikolaos Doxaras, Spyridon Ventouras, Nikolaos Papanellopoulos, Stylianos Devaris, Vassilios Arkeles, Spyridon Gazis, Vassilios Sideris, Spyridon Stamboglis, Leonidas Sideris, Vassilis Sideris (Enkel des Gleichnamigen) sowie den Malern aus Kefallonia Fifios, Karandinos, Miniatis u. a.

Im Kircheninneren wurden Erzbischöfe und berühmte Gemeindemitglieder beerdigt. Viele der Grabinschriften – zumeist auf Marmorplatten – sind auch heute noch lesbar. Im Innenhof wurden die anderen Gemeindemitglieder beerdigt, bis der Gemeindefriedhof der Stadt errichtet wurde.

Auf der Osterprozession und bei den Litaneien wurden außer der Prozessionsfahne und den Standarten (Skola) der Zünfte auch der Baldaki oder Baldakino (ein Baldachin aus goldbesticktem Samt), unter dem sich das Heiligensymbol (Ikone o. ä.) befand, herumgetragen. Die Zünfte unterhielten eine besondere Kasse, wählten jedes Jahr ihren Vorgesetzten und hatten einen Schutzheiligen oder –Heilige, der auf der Standarte abgebildet war und die zum Schutz in der Kathedrale untergestellt wurde. Die heiligen Symbole (Kreuz, Prozessionsfahne, Standarte der Zünfte, Baldaki) wurden an der Spitze der Prozessionen getragen, ihnen folgten die anderen Würdenträger, die Vorgesetzen der Zünfte mit brennenden Kerzen in der Hand und dahinter ihre Familienangehörigen. Heute schmücken die Skola die Kathedralen und befinden sich auch in ihrem Besitz; bei der Osterprozession und den Litaneien haben sie ihren imposanten Auftritt.

Kapitolario

Ein Kapitolario gibt es von ihrer Gründung an in jeder Kathedrale. Es handelt sich um ein kalligraphisches Buch mit Heiligenmalereien der entsprechenden Heiligenikone. Während der Zeit des historischen Maxaira stellte es die Gesetzgebung dar, welche die Beziehungen der Gläubigen der Kirchen als Partner, Gemeindemitglieder etc. und bei allen anderen wichtigen Abläufen, auch bei Eigentums-Angelegenheiten, regelte. In diesem Buch wurden auch alle anderen Begebenheiten, die die Kirche seit ihrer Gründung betrafen, festgehalten.

Die Sonnenuhr von Agios Spyridonas

Die Agios Minas Kirche

- **Die bedeutendsten Kirchen der Stadt sind:**
- **Die Agios Spyridonas Kirche**

Befindet sich auf dem zentralen Platz von Lefkada.

- **Die Agios Nikolaos Kirche**

In kurzer Entfernung vom zentralen Platz.

- **Die Agion Anargyron Kirche**

Wird eingerahmt von einem kleinen Garten und dem Marka-Platz.

- **Die Yperagia Theotokou tis Evangelistrias Kirche**

In der Nähe des Krankenhauses der Präfektur

- **Die Pantokratora Kirche**
- **Die Isodion tis Theotokou Kirche**
- **Die Agios Minas, Viktoros und Vikentios Kirche**

(Die o. a. Kirchen befinden sich auf der Hauptstraße des Zentrums).

- **Die Panagia ton Xenon Kirche**

Befindet sich in der Straße Agias Paraskevis in der Nähe der Stadtbibliothek.

- **Die Agios Dimitrios Kirche**

Ein verborgener Schatz in den Seitengassen der Stadt.

Maler – Maler von Heiligenbildern

Nikolaos Doxaras (1700 bis 1706 – 1775) Sohn des berühmten Malers Panagiottis Doxaras. Er kam zusammen mit seiner Familie aus Moria - eventuell über Zakynthos - nach Lefkada und reiste 1722 mit seinem Vater nach Korfu. 1729 ging er für 10 Jahre nach Venedig, wo er Malerei studierte. Er setzte seine Studien auf Korfu fort und kehrte nach Lefkada zurück. Hier heiratete er 1739 Chrissi Pantazi Psoma.

Spyridon Ventouras (1761 -1835), Maler von Heiligenbildern und Portraitmaler Er studierte 10 Jahre (1786 – 1795) Malerei und wurde von den berühmten Tsiortzone, Titsiano, Veronese, Tindoretto u. a. unterrichtet. Er beschäftigte sich mit dem naturalistischen Stil und wurde von den großen Malern der Eptanisia, Panagiottis und Nikolaos Doxaras, beeinflusst. Seine Heiligenbilder findet man in den Kirchen der Stadt sowie auf dem Lande als auch auf Korfu und Kefalonia.

Spyridon Gazis (1835 – 1920) Seinen ersten Unterricht erhielt er von den Malern von Heiligenbildern Patsara und Nika. Später (nach seinem 30. Lebensjahr) setzte er seine Studien in Italien fort und hielt lange Jahre Kontakt zu dem Land. Vielseitig talentiert (Dichter, Musiker, Schauspieler und vor allem Maler), war er ein Virtuose mit dem Pinsel und ein exzellenter Replikateur. Er malte Heiligenbilder in allen Kirchen der Stadt und vielen Kirchen des Landes.

Das Archäologische Museum

Die öffentliche Bibliothek

Das Archäologische Museum von Lefkada (Ecke Ang. Sikelianos und N. Svoronos, Tel: 26450 21635). Das archäologische Museum befindet sich im Erdgeschoß des Rathauses, wo auch das Kulturzentrum beherbergt ist. Es ist klein aber fein und von großer Bedeutung. Die äußerst erfolgreiche Ausstellung mit Ausgrabungsfunden, Fotografien und dem sie begleitenden Informationsmaterial unterrichten den Besucher über die Dynamik dieser Region, die Veränderungen, die seine Wirtschaft bestimmten, die Beziehungen mit den umliegenden Regionen sowie die Aktivitäten seiner Bewohner während der Antike. Von enormem Interesse ist die Abteilung mit den bedeutenden Ausgrabungen, die Anfang des 20. Jahrhunderts von dem deutschen Archäologen Wilhelm Dörpfeld unternommen wurden. Mit avantgardistischen Methoden und auf unterschiedlichste wissenschaftliche Art und Weise suchte er auf der Insel nach Beweisen, die seine Theorie untermauern sollten, dass es sich bei Lefkada um das Ithaka Homers handelte.

Die Ausgrabungsfunde des Museums umfassen einen großen zeitlichen Abschnitt, der von der Altsteinzeit bis in die römischen Jahre reicht. Die Funde wurden an verschiedenen Orte der Insel gemacht, so in der antiken Hauptstadt Nirikos und den umliegenden Regionen, in den Höhlen Chirospilia (in Evgiro, einem Dorf im Süden Lefkadas), in Asvotrypa (im Dorf Fryni, einem Vorort der Stadt), in Chirotrypa (einer Region des Dorfes Apolpaina), in der Höhle der Nymphen in Agia Kyriaki, der Höhle des Boliatsos (im zentralen und gebirgigen Hinterland) sowie die Grabsteine (in der Früh- und Mittel-Bronzezeit) in Nydri und den Friedhöfen der antiken Stadt Lefkada, dem Berg Skaros, in Meganisi usw.

Die wichtigsten Fundstücke der Ausstellung sind:
• ein Tongefäß, welches bei den Grabsteinen an der als "Steni" bekannten Stelle (Region von Nydri) gefunden wurde und aus der Früh-Bronzezeit (3200 - 1900 v. Chr.) stammt,
• Schwarze antike Gefäße, die als Urnen genutzt wurden. Fundort ist der nördliche Friedhof des antiken Lefkada und sie werden auf die erste Hälfte des 3. Jahrhunderts v. Chr. datiert,
• ein Götzenbild aus Ton, welches eine stehende Frauenfigur darstellt, Fundort ist der nördliche Friedhof des antiken Lefkada und stammt aus der zweiten Hälfte des 3. Jahrhunderts v. Chr.

Öffentliche Bibliothek

Die öffentliche Bibliothek wurde 1953 gegründet und war der Nachfolger der bisherigen kleinen Bibliothek der (vorkriegszeitlichen) Gemeinde von Lefkada. Sie befindet sich in einem zweistöckigen neoklassizistischen Gebäude mit einem schönen Garten. Es wurde zwischen 1888 und 1906 als Wohnhaus der Familie Zoulinou errichtet. Später beherbergte es für Jahre die Nationale Bank Griechenlands und wurde später vom griechischen Staat erworben.

Das Volkskunstmuseum "Orfeas"

Das Grammophon-Museum

Die Bibliothek umfasst eine große Zahl von Druckwerken, Büchern usw., einer Gravierkunst-Sammlung des Reisenden Coronelli aus dem 17. Jahrhundert sowie zahlreiche Ikonen überwiegend in der Kunst der Eptanisia, u. a. von den Malern von Heiligenbildern wie Doxara, Patsara, Roussou, Ventoura, Gazi, als auch Ikonen anderer Stilrichtungen und sogar Anbetungsgegenstände. Besonders gelungen ist die Präsentation der Ausgrabungsfunde.

Die Bibliothek Charamoglios

Diese Bibliothek ist das persönliche Werk ihres Gründers, Aristotelis ("Teli" für seine Landsleute) Charamoglis. Er sammelte die verschiedensten Drucksachen (Bücher, Zeitschriften, Zeitungen, Artikel, verschiedene Bände, Forschungsarbeiten, Broschüren, Gravuren, Plakate, Landkarten, Fotografien), die alle Lefkada und seine Einwohner oder deren Erzeugnisse thematisieren. Die ältesten Stücke stammen von 1420. Charamogli begann sein Werk 1973 und heute umfasst die Bibliothek 40.000 Titel, von denen etwa 810 von Einwohnern aus Lefkada stammen und etwa 70 Themen Lefkadas aufgreifen. Die Bibliothek ist in das Guinness-Buch der Rekorde aufgenommen worden.

Das Volkskunde-Museum des Musikwissenschaftlichen Vereins "Orfea"

Das Volkskunde-Museum des musikwissenschaftlichen Vereins "Orfea" ist bis zur Fertigstellung der Renovierung des in seinem Besitz befindlichen Gebäudes vorübergehend in den Räumen des ehemaligen Gymnasiums (Platz I. Zambeliou) untergebracht. Es umfasst mehr als 1000 landwirtschaftliche Gebrauchsgegenstände aus Lefkada, Werkzeuge, Geräte, traditionelle Trachten, Stickereien usw. Gleichfalls gibt es eine Reihe von Ausgrabungsfunden aus den Vororten sowie Werkzeuge u. ä. ehemaliger Handwerkerberufe.

Das Grammophon-Museum

In der Straße Konst. Kalkani 10 befindet sich das kleine private Grammophon-Museum mit Fotografien, Schallplatten, seltenen Gebrauchsgegenständen, Dekorationsstücken, Münzen, Stempeln, sowie der privaten Fotografie-Sammlung des einheimischen Taki (Dimitris) Katopodi (Delimari).

Bibliothek Nikos Svoronou

Die Bibliothek Nikos Svoronou ist eine Schenkung des berühmten, international anerkannten Historikers aus Lefkada und befindet sich neben der Bibliothek Charamoglios. Sie umfasst Bücher, Manuskripte und persönliche Gegenstände des Schenkers.

Parade des Folklore Festivals

Veranstaltung Wort und Kunst und Internationales Folklore-Festival
Lefkada war der erste Ort in Griechenland, der die Institutionen Wort und Kunst (1955) und das Internationale Folklore-Festival (1962) ins Leben rief. Seitdem werden beide Veranstaltungen ununterbrochen jedes Jahr im August bis heute fortgesetzt und würdigen auf diese Weise die alten Traditionen der Eptanisia. Die einheimische Bevölkerung reagierte begeistert und auf Touristen üben die Veranstaltungen eine große Anziehungskraft aus und fanden in ganz Griechenland Nachahmer. Wie es der Name schon andeutet, bieten die Veranstaltung Wort und Kunst eine Auswahl wissenschaftlicher und künstlerisch ambitionierter Vorträge (wissenschaftliche Reden und literarische Stücke usw.), Theateraufführungen und Konzerte. Die vielen außergewöhnlichen Momente in der Geschichte der Veranstaltung fanden 1964 ihren Höhepunkt mit einem Auftritt von Maria Callas, ihrem letzten künstlerischen Auftritt vor griechischem Publikum. Auf diesen Bühnen standen zahlreiche große (internationale!) Wissenschaftler, hervorragende griechische Literaten, bedeutende Musiker, Schauspieler etc.

Während des Folklore-Festivals füllen sich die Straßen mit Tänzern aus den verschiedensten Ländern der Erde, die tanzend und singend in ihren nationalen Trachten durch das Zentrum ziehen und dabei ihre Fahnen und Standarten schwingen. Die ganze Insel wird von der Fröhlichkeit der bunten Nationaltrachten, den verschiedensten Musikrichtungen und der heiteren Stimmung der Tanzvereine ("Ta Synkrotimata") mitgerissen, von der ausgelassenen Darbietung der Tänze, die aus allen Ecken der Welt, aus den benachbarten und weit entfernten Heimatländern, mitgebracht werden.

Man sollte wenigstens den ersten Sonntag des Folklore-Festivals miterleben. Auf die Begrüßung der Leiter der Tanzgruppen im Kulturzentrum der Gemeinde folgt an diesem Tag die Versammlung aller Tänzer im Kloster Faneromenis, wo ein Gebet für den Frieden und die Freundschaft der Völker vom Metropoliten gesprochen wird. Am frühen Nachmittag bewegt sich die ganze bunte Menge, die üblicherweise von den traditionellen Orchestern begleitet wird, in die Stadt und zieht durch die Hauptstraße, die von Einheimischen und Besuchern bevölkert ist, die auf ihre Art fröhlich zum Fest beitragen (mit Jubeln und Klatschen, Konfetti-Regen, Papierschlangen etc.). Der große Zug endet am Strand, wo alle (auch die Einheimischen und Touristen) zusammen einen fröhlichen "Syrto" (Rundtanz) tanzen, der sich als Tanz des Friedens und der Brüderlichkeit zwischen den Völkern eingebürgert hat. Anschließend folgen eine ganze Woche lang jeden Abend Tanzvorführungen im Freiluft-Theater am Rande der Stadt, an dem als "Vardania" bekannten Platz.

Philharmonische Gesellschaft von Lefkada

Lefkada verfügt nach Korfu über die älteste Philharmonie Griechenlands (1850). Der ehrwürdige Verband unterstützte die Förderung der musikalischen Ausbildung der Bevölkerung von Lefkada und brachte bedeutende Musiker hervor. Oft war die Insel Zeuge bedeutender historischer Momente mit nationaler Auswirkung, wie z. B. 1864, als die Philharmonie für die Vereinigung der Eptanisia mit dem griechischen Mutterland spielte, 1896, bei der Teilnahme an den Olympischen Spielen in Athen, 1906, bei der Teilnahme an der Zwischenolympiade, bei den großen Stunden der nationalen Triumphe (Balkanspiele, Griechisch-Italienische Wettkämpfe) etc. Die Philharmonie nimmt an allen öffentlichen Veranstaltungen der regionalen Gemeinde teil. Feiertage, Litaneien, die Osterprozession, die Eröffnung und Beendigung des Folklore-Festivals, - immer unter der musikalischen Begleitung der Philharmonie. Außerdem hat es die Insel in vielen Städten Griechenland als auch im Ausland vertreten. In der Philharmonie gibt es heute eine Musikschule, eine Kapelle, musikalische Ensembles sowie ein Marionettentheater.

Der Brauch der Varkarola

Musikwissenschaftlicher Verein von Lefkada "Orfeus"
Der musikwissenschaftliche Verein von Lefkada "Orfeus" wurde 1937 gegründet und verfügt über folgende Abteilungen: gemischter Chor, Mandolinen-Klassen, Tanz-Klassen, Volkskunde-Museum. Vor Jahren existierte auch ein Radiosender, einer der ersten Privatsender Griechenlands. 1993 wurde der Verein von der Athener Akademie ausgezeichnet.

"Arion"- Chor von Lefkada
Der Chor wurde 1988 mit dem Ziel gegründet, die Chor-Tradition der Eptanisia mit den Männer- und Kinderchören zu erhalten.

Verein der Volkstänze von Lefkada – "Pegasus"
Der Verein wurde 1990 mit dem Ziel gegründet, die traditionellen Tänze von Lefkada und allgemein Griechenlands zu erhalten.

Musikalischer Tanzverein "Nea Chorodia" (Neuer Chor) von Lefkada
Der musikalische Tanzverein "Nea Chorodia" wurde 1964 mit dem Ziel der Erhaltung und Verbreitung der Musik der Insel sowie zur kulturellen Förderung gegründet. Er verfügt über eine Musikschule, einen Chor, eine Tanz- und Mandolinengruppe. Im Rahmen der Veranstaltung Wort und Kunst wird in jedem August der traditionelle Brauch der Varkarola organisiert.

Spyridon Zambelios

Aristoteles Valaoritis

Berühmte Persönlichkeiten aus Lefkada

- **Ioannis Zambelios (1787-1856).** Nach seinen Studien in Italien und Paris (Jura, Philologie, Philosophie) kehrte er nach Lefkada zurück und zum Staatsanwalt des Staates der Ionischen Inseln berufen. Er weihte 1817 die Hetärie der Philiker (Geheimbund griechischer Patrioten und Philhellenen) ein und wurde durch seine bedeutenden und tollkühnen Taten als führender Philiker von Lefkada gewürdigt. Eines seiner Bravourstücke: Auf Befehl der Engländer waren die Bewohner von Lefkada direkt nach Verkündung der Revolution gezwungen, ihre Waffen dem Staatsanwalt zu übergeben. Der Staatsanwalt I. Zambelios (!) leitete - in Abstimmung mit einem Athener Bootsunternehmer - die beschlagnahmten Waffen ins aufständische Akarnania weiter! Er schrieb 12 Tragödien nationalen Inhalts und lyrische Poesie im sprachlichen Idiom Korai.

- **Spyridon Zambelios (1813-1881).** Sohn des Ioannis Zambelios. Auch in Europa anerkannter Historiker. Begründer der Theorie des ununterbrochenen historischen Bestehens des Hellenismus. Nach seinen ersten Schuljahren auf Lefkada setzte er seine Studien in Italien fort, wo er einen großen Teil seines Lebens verbrachte. Er schrieb historische und philologische Werke, das bedeutendste sind die "Byzantinischen Studien" (1857). Er zeichnete sich außerdem als Romanschriftsteller aus und starb 1881 in der Schweiz.

- **Aristotelis Valaoritis (1824-1879).** Er wurde auf Lefkada geboren. Valaoritis studierte in Genf und Paris Jura, arbeitete aber niemals als Anwalt. Sein ganzes Leben lang hatte er seinen festen Wohnsitz auf Lefkada oder der Privatinsel Madouri. Nur zu seinen zahlreichen Reisen nach Athen oder Europa verließ er die Insel. Er beschäftigte sich überwiegend mit der Poesie, aber auch mit der Geschichte und der Volkskunst und hinterließ uns bezaubernde Prosawerke (in Katharevousa!). Seine Poesie ist die eines Naturliebhabers, wird aber überwiegend durch seinen Patriotismus und seine Verehrung für die Kämpfer der vorrevolutionären Phase sowie von 1821 bestimmt. Ab 1854 vertrat er Lefkada für viele Jahre im Ionischen Parlament. Er zeichnete sich als Redner aus und kämpfte in den Reihen der Radikalen für die Vereinigung. Als sich sein Traum verwirklichte, wurde er in das nationale Parlament berufen, wo er das denkwürdige Grußwort der Eptanisia bei ihrer ersten Teilnahme am griechischen Parlament verlas und damit frenetischen nationalen Enthusiasmus hervorrief. Zu seine bedeutendsten Gedichten zählen die drei Epen: H Kyria Frosyni, Athanasios Diakos und O Fotinos.

• **Levkadios Hern/Giacomo Koizoimi (1850-1904).** Literat, Übersetzer, Journalist, Lehrer. Er wurde auf Lefkada als Sohn eines irischen Vaters, einem Arzt-Major der britischen Armee und einer aus Kythira stammenden Mutter geboren. Nach der Trennung der Eltern wuchs er in Dublin bei seiner eigentümlichen Tante auf. Später wanderte er nach Ohio aus, wo er sich mit dem Journalismus beschäftigte und ging 1889 nach Japan. Dort heiratete er die Tochter eines Samurai, wurde japanischer Staatsbürger, trat zum Buddhismus über und arbeitete als Englischlehrer. Er hinterließ bedeutende literarische und philologische Werde (auf englisch und japanisch) und wird als nationaler japanischer Schriftsteller angesehen.

Mit seinen Büchern beeinflusste er die allgemeine westliche Einstellung Japans gegenüber und setzte sich sehr für die Wahrung und Würdigung japanischer Mythen und Traditionen ein. Zu seinen bekanntesten Werken zählen: Japan: An Attempt at Interpretation – 1904, Exotics and Retrospectives – 1898, In Ghostly Japan – 1899, Shadowings – 1900, A Japanese Miscellany- 1901 und Kwaidan – 1904.

• **Dimitrios Golemis (1879-1930).** Wissenschaftler der verschiedensten Fachrichtungen, Olympia-Teilnehmer, Dichter, Maler, Politiker. Er studierte Jura, Theologie und Medizin. Golemis veröffentlichte zahlreiche Gedichtbände. Bei den Olympischen Spielen in Athen von 1896 gewann er im 800 m Lauf die Silbermedaille.

• **Angelos Sikelianos (1884 – 1952)**. Größter Dichter und Verfechter der Delphischen Idee. In seiner Poesie vermischte er die Werte des antiken Griechenlands mit denen des Christentums und wurde pananthropinos. 1927 und 1930 organisierte er zusammen mit seiner ersten Frau, der Amerikanerin Eva Palmer, die Spiele von Delphi. Er hatte die Vision, Delphi zu einem Weltzentrum der Brüderlichkeit der Völker zu machen. Im Rahmen der Spiele von Delphi wurden die ersten ernsthaften Versuche im modernen Griechenland unternommen, die antiken Dramen wieder zu beleben. Während der Zeit der Besetzung zeichnete er sich als unbestrittener geistiger Führer des griechischen Volkes aus, seine größte Glanzleistung war sein dichterischer Abschiedsgruß an Palama (1943) während der Trauerprozession auf dem A. Friedhof von Athen.
Sein dichterisches Werk: Alafroiskiotos, Prologos stin Zoi, Mitir Theou, Akritika etc. Seine Tragödien: Sivylla, O Thanatos tou Digeni etc. Außerdem Vorträge, Essays etc.

• **Kleareti Dipla-Malamou (1898-1977).** Dichterin, Romanschriftstellerin, Mitglied der feministischen Bewegung, im nationalen Aufstand und der Friedensbewegung. Sie war die erste Griechin, die von der Athener Akademie (1930) für die Novellenbände "Gia ligi agapi" ausgezeichnet wurde. Später wurde ihr der 2. Literaturpreis für Kinderliteratur für das Buch "Istories gia megala paidia" verliehen und sie erhielt außerdem die Auszeichnung der "Freunde von Ioannis Kordatou". Zu ihren Werken zählen: Sto diava mou (1922), Istories gia megala paidia (1938), Gynaikies Psyches (1945), O megalos potamos (1953) Oi dromoi tis Zois (1957) u. a.

• **Nikos G. Katiforis (1903-1967).** Romanschriftsteller, Theaterautor und über Jahre Chronist der Radikalen. Er studierte Jura. Für eine kurze Zeit war er als Verwaltungsleiter (Präfektur Navplio) tätig und später als Anwalt in Athen. Zu seinen Werken zählen: I Piatsa (1930), I Dichtatoria tou Satana (1935), to Meraki tou Archonta (1939) u. a.

Theodoros Stamos, Fotografie aus dem Buch
"Stamos: Mia martyria gia ton Zografo"
F. Piobinos / Ausgabe Fagotto 2003

Theodoros Stamos, Pedio me kivotio tou iliou, 1963 - 64
Sammlung der Nationalen Pinakothek

• **Gerasimos D. Grigoris (1907-1985)**. Ein mit zwei staatlichen Literaturpreisen ausgezeichneter Schriftsteller (1958 und 1963). Er schrieb Gedichte und gab drei Novellensammlungen heraus. Er beschäftigte sich mit der Übersetzung antiker griechischer Tragödien, dem Journalismus und dem Skizzieren. Zu seinen Werken zählen: Pera apo tin Ochthi, Poria mesa sti nychta, Politia Xeskepi, u. a. Er verfasste fast die gesamte Ausgabe der bibliographischen Bände "Valaoritis" und "Sikelianos", welche die Gesellschaft für Lefkada-Studien herausgegeben hatte. Seine Büste befindet sich im Stadtteil Neapolis.

• **Nikos Svoronos (1911-1989)**. International anerkannter Byzantinologe und bedeutender Forscher unserer zeitgenössischen Geschichte. Er lebte in Paris und gelangte zu großer Berühmtheit. Sein unheilbares Heimweh führte ihn in seine Heimat, nachdem er die griechische Staatsbürgerschaft erhalten hatte und arbeitete an verschiedenen wissenschaftlichen Forschungsprojekten (z. B. an der Universität von Kreta und am nationalen Forschungsinstitut). Seine Büste befindet sich neben der Bibliothek (Marka-Platz).

• **Theodoros Stamos (1922-1997)**. Weltbekannter Maler, der zu den Avantgardisten des abstrakten Expressionismus Amerikas zählt. Im Alter von 21 Jahren hatte er seine erste bedeutende Ausstellung in New York. Er war der Jüngste in der die Malerei verändernden Gruppe, zu der auch Mark Rothko, Barnett Newman und Jackson Pollock zählen. Seine letzten Lebensjahre verbrachte er auf Lefkada, wo er starb und beerdigt wurde.
Die öffentliche Kunsthalle trägt ehrenhalber seinen Namen.

• **Nanos Valaoritis (1921 geboren)**. Bedeutender surrealistischer Dichter, Roman- und Theaterautor, Universitätsprofessor. Als Erster übersetzte er "Griechische Dichter der 30iger Jahre" ins Englische. In England schloss er sich der Gruppe um Elliot an, in Paris André Breton und den Surrealisten. In Griechenland leitete er die surrealistischen Zeitschriften "Pali" (1989 – 1995) und "Syntelia" zusammen mit dem Dichter Andrea Pagoulato. (1963 – 1967). Von 1968 an lehrte er vergleichende Literatur und creative writing an der San Fransisco State University.

• **Aristoxenos Skiadas (1932-1994)**. International anerkannter Professor der Klassischen Philologie mit bedeutendem schriftstellerischem Werk und Vizerektor der Universität von Athen. Gründungsmitglied und über Jahre Direktor der Gesellschaft für Lefkada-Studien.

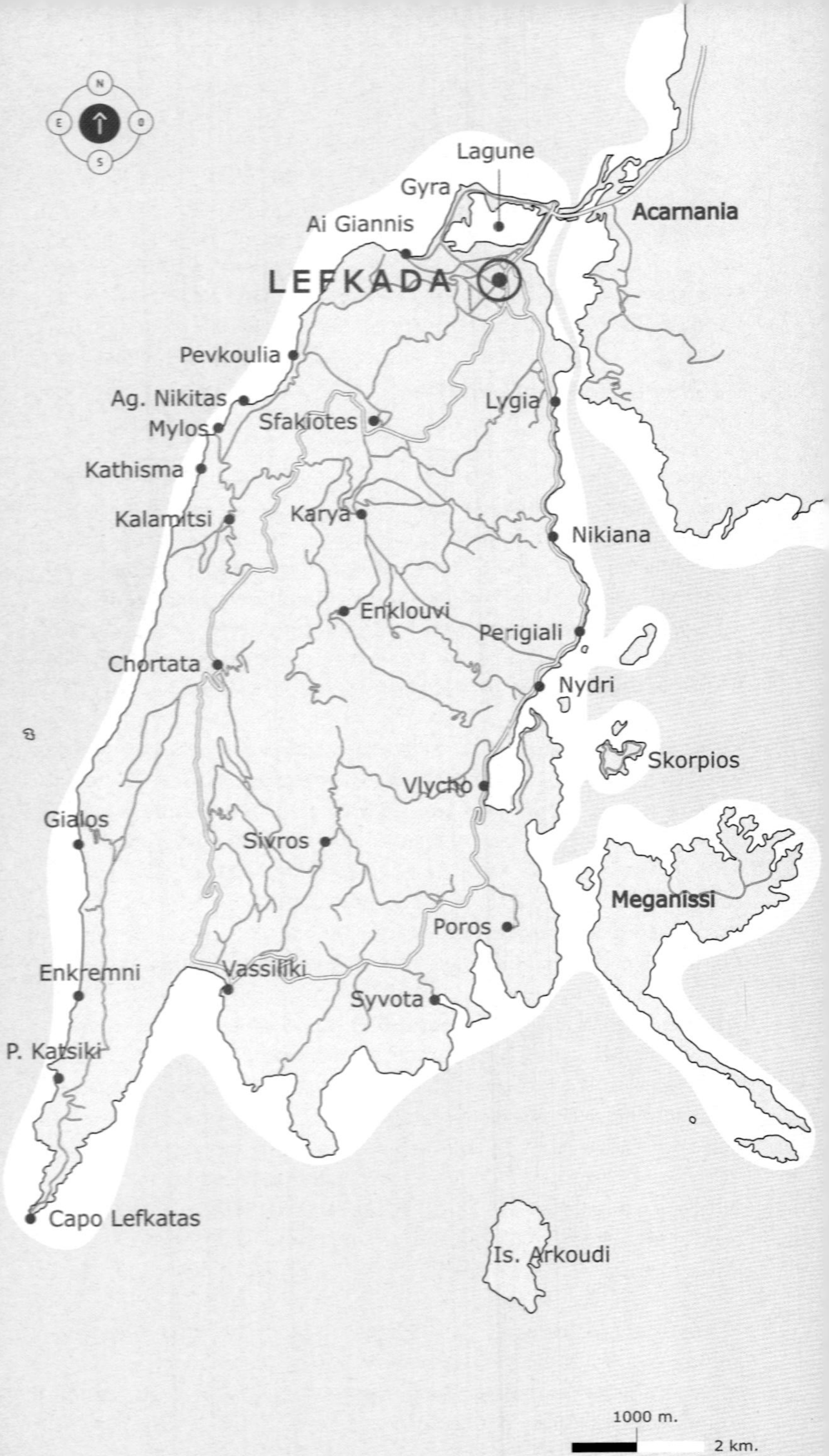
N
E
O
S
Lagune
Gyra
Ai Giannis
Acarnania
LEFKADA
Pevkoulia
Ag. Nikitas
Lygia
Mylos
Sfakiotes
Kathisma
Kalamitsi
Karya
Nikiana
Enklouvi
Perigiali
Chortata
Nydri
Skorpios
Vlycho
Gialos
Sivros
Meganissi
Poros
Enkremni
Vassiliki
Syvota
P. Katsiki
Capo Lefkatas
Is. Arkoudi
1000 m.
2 km.

DIE INSEL ENTDECKEN

Wir können uns wirklich nicht vorstellen, dass es einen Besucher gibt, den Lefkada und alles was er hier sehen und entdecken wird, nicht begeistert.
Selbst uns, die wir hier leben und die Insel kennen, bot die Beschäftigung mit diesem Führer die Gelegenheit, eine Menge unbekannter Dinge über die Insel zu erfahren und reizvolle Geheimnisse zu entdecken, die uns erneut berührten und überraschten. Wir hoffen, dass wir all diese Empfindungen auch an Sie weitergeben können...

Empfohlene Touren auf der Insel

Die Touren, die wir Ihnen empfehlen möchten, verbinden lebhafte touristische Regionen mit Dörfern, in denen die Bewohner immer noch im Rhythmus der Vergangenheit leben und sich mit damaligen Dingen beschäftigen. Sie verbinden bedeutende historische Stätten mit traumhaft schönen Stränden, die ruhige Schönheit des Ostens von Lefkada mit der Wildheit des Westens und den Besonderheiten des Hinterlandes.

Es ist auf jeden Fall eine gute Möglichkeit, die Insel kennen zu lernen. Die Vertiefung ist eine andere Sache. Selbstverständlich sind die Touren an Ihre Vorstellungen sowie die Ihnen zur Verfügung stehenden Fortbewegungsmittel angepasst. Manche Touren können auch miteinander kombiniert werden.

Notwendig ist eine gute Karte von Lefkada, die Sie sich , Ausgabe 2006 von Fagotto, beschaffen können (Teile der Karte begleiten die Touren dieses Führers), sie ist auf dem neuesten Stand und enthält nützliche, leicht verständliche Symbole, damit Sie sich problemlos zurecht finden können.

Am Ende der Marktstraße (Ioannou Mela-Straße), kurz nach der Kirche von Agios Minas beginnt die Straßenabzweigung, die in die Dörfer der Insel führt. Die linke Abzweigung, die Evst. Zakka-Straße, führt in den östlichen Teil der Insel (Lygia, Nikiana, Nydri etc.), die Anapavseos-Straße geradeaus bringt Sie in den westlichen Teil (Tsoukalades, Ag. Nikita etc.). Beide Richtungen führen Sie über unterschiedliche Verbindungsstraßen in die Dörfer des Hinterlandes als auch an die südlichste Spitze, das Kap Levkatas.

< Allgemeine Orientierungskarte

Die Burg
Agias Mavras
Die Stadt Lefkada
Die schwimmende
Brücke zwischen
Lefkada und Akarnania
Der Strand Ai Giannis
Der Strand
Ammoglossa
Der Strand
der Burg
Der Strand
Mylos
Der Strand Gyras

Die Regionen rund um die Stadt

Eine bewegliche Brücke (Drehbrücke) verbindet die Insel mit Akarnania. Kleinere Boote fahren ungehindert unter ihr hindurch, für die größeren Schiffe öffnet sich die Brücke (sie dreht sich und legt an der Küste von Akarnania an) stündlich. Hinter der Brücke liegt die Abzweigung der Straße nach Lefkada, links geht es zum Haupthafen und zur Stadt, rechts zu den wunderschönen Regionen Gyra und Ai Giannis Antsousis.

Parallel zur linken Abzweigung erstreckt sich der schmale Kai. Er trennt die östliche Lagune vom Kanal, den die Einheimischen Avlaki nennen, d.h. ein tiefer Meeresstreifen, der auch großen und schweren Schiffen die Durchfahrt an der östlichen Seite von Lefkada und weiter ins offene Ionische Meer ermöglicht und die dadurch die stets aufgewühlte See um das Kap Levkatas, den südlichsten Punkt Lefkadas, umgehen. Östlich der Kaimauer erstreckt sich die östliche Lagune von Lefkada, die bis zur Küste von Akarnania reicht. Die "Abzweigung" beider Straßen umschließt die westliche Lagune, die sich über Jahrhunderte entwickelt hat. Beide Lagunen zählen zu den bedeutendsten Feuchtbiotopen des Ionischen Meeres. Abgesehen von der Vielfalt der hier heimischen Fische sind sie Lebensraum wunderschöner Möwen und eleganter Reiher als auch Station verschiedener durchziehender Zugvögel wie Wildenten, Wasserhühner und seltener auch Schwänen. Die Feuchtbiotope unterliegen dem Schutz des Abkommens von Ramsar.

Ein Spaziergang bei Gyra – Ai Giannis

Ein sehr schöner Spaziergang, der seinen Ausgangspunkt in der Stadt Lefkada hat, ist der Rundgang der westlichen Lagune, der Spaziergang von Gyra. Die Strecke beträgt 7 Kilometer und ist dank des phantastischen Ausblicks, den diese Strecke bietet, ein besonderes Vergnügen. Östlich befindet sich die Lagune und die Stadt, westlich die tosende Unendlichkeit des Ionischen Meeres. Als Ausgangspunkt können Sie die Brücke (Nachfolger der alten "Ponte") wählen, die sich auf der fiktiven Verlängerungslinie der Marktstraße befindet und zum Ausgang der Insel führt.

Die Lagune von Lefkada

Die Straße nach Ai Giannis

Wir folgen der Straße in Richtung Burg und haben die westliche Lagune zu unserer Linken und den Kanal zur Rechten. Die gerade Straße verfügt über Fußgänger- und Fahrradwege. In der Lagune befinden sich noch immer einige Holzbaracken der Fischer, die auf Kosten der Gemeinde von Lefkada erhalten werden. Deren "Pfleger" durchqueren mit ihren "Priaria", den eigenartigen, leichten Booten ohne Kiel, problemlos das Wasser. Wenn wir die schwimmende Brücke erreicht haben, überqueren wir diese nicht, sondern halten uns links und nach wenigen Metern befinden wir uns vor dem charakteristischen roten Sommerhaus der bedeutenden Familie Kalkani. Rechts liegt das Gebäude der TAOL (Weinanbau-Genossenschaft).

Während der **türkischen Besetzung** reichte eine große, die Lagune überspannende Brücke mit 360 Bögen vom Strand bis zur Villa Kalkani über welche die Rohre der Wasserleitungen, welche die Burg mit Wasser versorgten, führten. In der Lagune befinden sich noch Überreste dieser Wasserleitungen.

Blick auf die Stadt von Gyras aus

Sonnenaufgang in der Lagune

Das (nachkriegszeitliche) Gebäude der TAOL auf der anderen Seite des Weges ist Eigentum der Landwirtschafts-Genossenschaft und zählt zu den ältesten unseres Landes und hat eine bedeutende Geschichte. Vom Gebäude der TAOL aus beginnt einer der schönsten Abschnitte des Weges. Dem Asphalt folgend, genießt der Wanderer auf der linken Seite die zauberhaften Wasserspiegelungen der Lagune, rechterhand liegen die flachen Sanddünen und in der Ferne das Ionische Meer mit seinen unzähligen Blauschattierungen. Hier blühen im Sommer die weißen duftenden Lilien (Panagratium Maritimum), die wild im gesamten Mittelmeerraum blühen, als auch die gelben Mohnblumen der Pikragourias, wie Dim. Golemis es in einem Lied ausdrückte (kitrini anthi sa narkissi). Nach wenigen Metern verbreitert sich die schmale Landzunge zur Linken zu üppiger grüner Landschaft. Hier liegt das kleine Fischerdorf der Lagunen-Fischzucht mit dem Namen Gyra.

Die Kirche der Panagia in Gyras

Der Strand Mili in Ai Giannis

Der Straße folgend, befinden wir uns direkt zwischen den Häusern und Höfen des Dorfes sowie der Kirche der Yperagias Theotokou h Kimisis oder der **Heiligen Jungfrau von Gyra**, die 9 Tage nach dem 15. August, also am 23. August, ihren Namenstag feiert. Die Kirche wurde 1503 von den Geistlichen Stamatis und Athanasios Soundia gegründet. Als nach vielen Jahren die letzte Nachkommin der Familie Soundia und Besitzerin der Kirche Panagiottis Zambelios heiratete, ging diese in das Eigentum der Familie über. Deren letzter Nachkomme, Napoleon Zambelios, vermachte die Kirche in seinem Testament dem Waisenhaus und dem Krankenhaus der Stadt, zusammen mit der Fischzucht. Heute gehört die Dorfkirche zur städtischen Kirche Agios Nikolaos.

Die Decke der Kirche zeigt das berühmte Azurblau der westlichen Kirchen. Die Ikonenwand ist schlicht und die Heiligenbildmalereien harmonisch. Wenn man den provisorischen Teppichboden wegziehen würde, kämen die Marmorgrabsteine der Vorfahren zum Vorschein, unter ihnen vor allem das des berühmten Dichters Angelos Sikelianos, aber auch anderer bedeutender Einwohner von Lefkada. Zurück auf der Straße biegen wir links ab und setzen unseren Weg in Richtung Lefkada Stadt fort. Auf der rechten Seite sehen wir die vier Windmühlen, welche die Überreste der ehemals zwölf hier existierenden Windmühlen sind. Die meisten hatten russische Namen wie Orloff, Metzikoff, Moskovas und mindestens bis ins 20. Jahrhundert wurde hier Getreide, vor allem Weizen, gemahlen, welches früher in großen Mengen aus Russland oder den Donauanreinerstaaten stammte. An dieser Stelle landeten am 9. März 1810 griechische Kämpfer unter der Führung von Theodoros Kolokotronis, der damals im Dienste der Engländer stand, zusammen mit der britischen Armee und besiegten die Franzosen Napoleons, die die Insel besetzt hatten.

Kite- und Windsurfen am Strand Mili und in Ai Giannis

Die Region der Mühlen wird im Sommer von Hunderten Riders aus der ganzen Welt bevölkert, die hier kitesurfen und windsurfen. An diesem Strand herrschen fast täglich, von Mai bis September, warme nordwestliche Winde von 4 – 6 Beaufort und bieten damit hervorragende Voraussetzungen für Sportler, die über die entsprechender Erfahrung und richtige Technik verfügen... In den letzten Jahren werden auf Lefkada internationale Kite-Surf Wettbewerbe organisiert.

Die Kirche Ai Giannis Antzousis

Der Weg zum Landgut Stavros

Wir setzen unseren Weg Richtung Lefkada Stadt fort und stoßen auf die Kreuzung, die zum Strand Ai Giannis führt, einem der schönsten Strände der Insel.

Auf der gesamten Strecke (und über die ganze Länge der westlichen Insel) befinden sich Badestrände mit dem typisch feinen weißen Sand Lefkadas und dem kristallklaren Meer. Nur an wenigen Stellen befinden sich Felsen im Wasser, die die ersten Schritte ins Meer ein wenig erschweren, aber wenn man diese überwunden hat, kann man wunderbar schwimmen. Eine weitere Besonderheit: Wenn Sie mit den Händen am Strand ein Loch graben, stoßen sie auf nur leicht salzighaltiges Wasser, das man trinken kann. Dieses ist die erste schöne Inseltour, deren Eindrücke (der Stadt oder der Gebirgskette) sich ständig verändern, je nach Wetter, Licht und Jahreszeit und die sich im üblicherweise ruhigen Wasser der Lagune widerspiegeln.

Am Ende des Strandes von Ai Giannis befindet sich eine Hinweistafel, die uns zur gleichnamigen Dorfkirche, die ebenfalls zur Kathedrale des I.N. von Agias Nikolaos der Stadt gehört, führt. Hier verkündigten zuerst der Apostel Akylas und später der Apostel Paulus das Evangelium. Später ordinierte der Bischof von Irodion den ersten Bischof von Lefkada, Sosiona, den Gründer des ersten christlichen Gebetshauses der Insel, in einer Felshöhle. Es heißt, dass die heutige Kirche von der französischen Familie der Andegavous erbaut wurde, daher stammt auch der Name **"Ai Giannis Antzousis"**. Die im weiteren Verlauf des Weges zu erkennenden Stufen führen zum Landgut Stavros.

Der Blick vom Pfad aus

Das Landgut Stavros in Ai Giannis

Es gibt sicherlich keine Gegend auf Lefkada, die so häufig fotografiert oder von Malern auf Leinwänden gebannt wurde, wie das Gut und das Haus Stavros. Auch wenn es nicht üblich ist, in einem Reiseführer Privateigentum zu erwähnen, glauben wir, dass man in diesem speziellen Fall eine Ausnahme machen muss. Und dies geschieht, um eine Ungenauigkeit richtig zu stellen, die man in manchen Reiseführern (?), die seit Jahren auf der Insel Lefkada existieren, findet und wo man unter der Fotografie des Hauses Stavros die Unterschrift liest: "Die in den Fels geschlagene kleine Kirche von Agios Ioannis von Antzousis (!!)".

Ein anderer Grund ist, dass wir betonen möchten, dass das Gut Stavros in der weiteren Umgebung der Stadt Lefkada dem Besucher einen schönen, kulturell interessanten und leicht zugänglichen Ort bietet (4 Kilometer von der Stadt entfernt) und der aus diesem Grunde wiederholt für verschiedene Veranstaltungen zur Verfügung gestellt wurde. Befindet sich seit 1760 im Besitz der Familie Stavros und wird seit jeher mit großem Respekt gepflegt.

Das Café im Kouzounteli

Der venezianische Olivenhain

Kouzoundeli

Die Pefaneromeni-Allee führt Sie zu schönen Ausflügen zu Fuß oder per Fahrrad. Die stetig ansteigende Strecke (nur für trainierte Fahrradfahrer) bringt Sie zum Kloster Faneromeni, dem Schutzheiligen der Insel. Das erste Stück der Allee ist im Sommer wie im Winter einer der beliebtesten Spazierwege der Bewohner von Lefkada und endet an der als Kouzoundeli bekannten Stelle. Den Namen erhielt diese Gegend von einem türkischen Großgrundbesitzer (Kouzou - Bey), der hier seine Besitzungen hatte, oder auch vom türkischen Wort Kouzoum - delis, was "schöner Reiter" bedeutet.

An der Stelle Kouzoundeli oder Kouzoumbey, unter uralten Olivenbäumen, riesigen Platanen und Pappeln existieren noch immer zwei traditionelle Kafeneia (Cafés) wo "Löffelsüßigkeiten", köstliche Pommes Frites, "Ypovrichio" (Vanille) und Soumada, ein Mandellikör mit speziellem Zwieback serviert werden. In diesen Cafés, in der Stille des Olivenhains, scheint die Zeit stehen geblieben zu sein, schlägt der Puls langsamer und an den kleinen Eisentischen werden improvisierte Backgammon- und Kartenturniere organisiert, finden unendliche Diskussionen statt, während die Mütter ihre kleinen Kinder unbesorgt nebenan auf der umzäunten Grünfläche spielen lassen können. Natürlich ist dieser idyllische Ort in den letzten Jahren durch den starken Verkehr auf der Allee etwas gestört worden, hat aber trotz allem viel von seiner entspannten Atmosphäre behalten. Probieren Sie hier unbedingt den hausgemachten Soumada. Er wird mit speziellem Zwieback serviert, der Anis enthält.

Der venezianische Olivenhain

Auf der Höhe der Kirche Agias Ekaterinis gabelt sich die Straße. Die nordwestliche Straße führt durch den Olivenhain zu dem fantastischen Strand Ai Gianni. Der Theios Eleonas (der göttliche Olivenhain) , o vathis eleonas von Sikelianos (der ihn als den schönsten Wald, den er je gesehen hat, beschrieb) besteht aus uralten Olivenbäumen, die 1684 auf Anregung der Venezianer gepflanzt wurden. Direkt nachdem die Venezianer Lefkada besetzt hatten, verpflichteten sie die Bevölkerung von Lefkada, den Olivenbaum-Anbau zu steigern. Es wurden sogar strenge Sanktionen verhängt gegen diejenigen, die sich nicht an die Anweisung hielten und Prämien (als Anreiz) für die Pflanzung von Olivenbäumen in Aussicht gestellt. In einer Bestandsaufnahme aus dem Jahr 1770 wurde festgehalten, dass innerhalb von 86 Jahren 44.169 Olivenbäume gepflanzt worden waren. In dem Olivenhain gibt es Dutzende malerische Wege und er ist ideal für Spaziergänge und Fahrradausflüge.

Das Heilige Kloster der Panagias tis Faneromenis (westlicher Eingang)

Das Kloster Panagias Faneromeni

Zurück wieder auf der Pefaneromeni-Allee an der Kreuzung von Agias Ekaterini. Der Steigung folgend, gelangen wir in das Dorf Fryni. Es ist ähnlich einem Amphitheater angelegt und bietet eine herrliche Aussicht auf die Stadt von Lefkada und die sie umgebende weite Ebene, auf Akarnania und bis zum Epirus. Sie verdankt ihren Namen entweder der einer Augenbraue (sa frydi – wie eine Augenbraue) ähnlichen Form oder der Kirche der Artemidos Levkofrynis. Den Weg fortsetzend, erreichen wir das Kloster der Panagia tis Faneromenis (man kann das Kloster auch über den malerischen Pfad, der sich in der ersten ansteigenden Kurve in Richtung des Dorfes Fryni befindet, besuchen). Sie ist die Schutzheilige der Insel, die ihren Namenstag feierlich gleichzeitig mit Pfingsten begeht, genau genommen am darauf folgenden Pfingstmontag. Die Kathedrale wurde im 19. Jahrhundert mit architektonischen Einflüssen der Insel Zakynthos errichtet. Die recht wertvolle Ikonenwand ist ein Werk von Evst. Prosalendi. Die Aussicht vom Kloster ist herrlich. Von hier aus kann man den Olivenhain, die Lagune, die Stadt, das Ionische Meer und die Berge des Epirus und von Akarnania betrachten. Deutlich ist Prevezza zu erkennen und am östlichen Horizont der Amvrakikos. Bei klarer Sicht kann man sogar das Monument von Zalongou auf dem Berg von Souliou ausmachen. Auch Paxi sowie die südliche Spitze von Korfu (Levkimi) sind zu erkennen. In östliche Richtung erhebt sich der Berg Lamia (die Einheimischen sagen "otan vani to fesi tis, richni notia" ? wenn sich auf seinem Gipfel Wolken befinden, kündigt sich der Stadt Regen an) mit der Burg von Ali Pascha zu seinen Füßen sowie der Kanal, der Lefkada von Akarnania trennt.

Blick vom Kloster aus

Nahe Strände

In der Nähe der Stadt von Lefkada befinden sich einige der schönsten Strände nicht nur der Insel, sondern ganz Europas, die für die Sauberkeit ihres Wassers ausgezeichnet wurden. Das Meer ist schnell recht tief (ohne dabei gefährlich zu sein) und seine besondere Schönheit ist sein türkisfarbenes Wasser mit den unzähligen Farbschattierungen, die das Auge entspannen und die weißen feinen Kieselsand-Strände, die den Vorteil haben, dass sie nicht auf der nassen Haut kleben und die nackten Fußsohlen massieren. An diesen Stränden, die sich tatsächlich von der Burg bis zum Kap von Levkatas erstrecken, findet man einsame Abschnitte (wenn man es denn möchte) oder man kann die organisierten Strände aufsuchen.

Der Strand von Ai Giannis – Mili

Der Strand von Gyras

Am Ende der Straße, die zur **Burg** führt (man biegt nicht an der Brücke ab, die nach Aitoloakarnania führt, sondern fährt geradeaus weiter) befindet sich der gleichnamige Strand, der hinter dem dort befindlichen Hafendamm versteckt liegt. Die Bewohner von Lefkada bevorzugen diesen Strand, da er einer der schönsten und saubersten der Insel ist. Hier gibt es ein kommunales Ausflugslokal, das an einen Privatunternehmer verpachtet wird. Mit Blick auf das Meer und der sanften Brise des Maestros kann man eine Mahlzeit oder ein Erfrischungsgetränk zu sich nehmen. Dieser Strand mit seinem kristallklaren Meer und seinen Farben, die das Auge entspannen und die Seele besänftigen, liegt vor dem Gebäude der TAOL. Der Strand wird von vielen Einheimischen mit ihren Familien aufgesucht. Rechts neben dem Leuchtturm liegt der **Strand von Ammoglossa**. Ebenfalls sehr schön, aber an einigen Stellen felsig, ist der **Strand von Gyras**. Wenn man ein wenig Geduld hat und den Strand ein Stück entlang läuft, findet man einsame Stellen ohne Klippen, wo man den warmen Sand und das herrliche Meer genießen kann.

Auch der **Strand von Ai Giannis** ist herrlich, hier weht allerdings häufiger ein stärkerer Wind und es gibt einige Felsen. In dem türkisfarbenen Wasser zu schwimmen, vor sich den Berg, der die Stadt von Lefkada "umarmt" , mit seinen zahlreichen Grüntönen, da er dicht mit Zypressen, Olivenbäumen und Ginster bewachsen ist, ist ein eindrucksvolles Erlebnis. Überall am Strand gibt es Tavernen und Cafés, die man nach dem Baden aufsuchen kann.

Der Strand Ammoglossa und im Hintergrund rechts die Burg Agias Mavras

Die Burg Agias Mavras

Der Glockenturm der Agias Mavras Kirche in der Burg

Die Burg Agias Mavras

Die Burg Agias Mavras ist ein erlesenes Beispiel einer mittelalterlichen Festung (sechseckig mit sieben Bollwerken) und wurde auf einer 45 Hektar großen Landzunge, die in den Ionischen Pelagus hineinragt, errichtet. Mit der Schaffung eines schützenden Burggrabens wurde aus der Landzunge eine kleine Insel und so war die Burg rundherum von Meerwasser umgeben. An ruhigen Tagen spiegelt sich ihre imposante Silhouette scharf im völlig glatten Meeresspiegel. Es gibt Hinweise, dass an der gleichen Stelle in der Antike ein Tempel der Afrodite Eniados existierte. Es wurde sogar ein Teil eines Reliefs mit Kindergestalten gefunden, das aus der römischen Zeit stammt.

Der Kern der Burg wurde im ersten Jahrzehnt des vierzehnten Jahrhunderts von dem französischen Herrscher Ioannis Orsini errichtet, der durch seine Heirat mit der Tochter des Despoten von Epirus, Nikiforos I., Lefkada als Mitgift erhalten hatte. Durch die Errichtung der Burg konnte Orsini Lefkada vor Angriffen von Piraten und anderen Feinden besser schützen. Auch die damalige Hauptstadt der Insel, die man nach der dort befindlichen Kirche gleichen Namens Agias Mavras nannte, wurde zu Anfang des vierzehnten Jahrhunderts hierher verlegt. Die Kirche Agias Mavras wurde von Eleni, der Tochter des Despoten von Mistra, Thoma Paleologou oder - nach einer anderen Auslegung - von der königlichen Familie der Andegavoi aus Neapel, den damaligen (1331-1362) Herrschern von Lefkada, gegründet. Die Kirche Agias Mavras befindet sich auch heute noch in gutem Zustand und zelebriert in jedem Jahr den Eponimi Hmera (Namenstag) am 3. Mai.

Östlicher Blick auf die Burg

Π. Κάστρο
B. Kastro
Κάστρο Αγ. Μαύρας
Agh. Mavra Castle
Όρμ. Φλέβα (Βαρκό)
Fleva (Varko) Bay
Ακ. Αγ. Ιωάννης
C. Agh. Ioannis
Π. Καμίνια
B. Kaminia
Π. Αγ. Ιωάννη
B. Agh. Ioannis
ΛΕΥΚΑΔΑ
LEFKADA
Αγ. Μαρίνα
Agh. Marina
Παναγία Βλαχέρνων
Panagia Vlacheron
Μαρίνα Λευκάδας
Αγ. Ιωάννης Αντζούσης
Agh. Ioannis Atzousis
Μεγ. Ράχη
Meg. Rachi
Τσουκαλάδες
Tsoukalades
Φρύνι
Frini
Περιβόλια
Perivolia
Λαλά Ράχη
Lala Rachi
Απόλπαινα
Apolpena
Καλλιγόνι
Kaligoni
Ζωοδόχος Πηγή
Zoodochos Pigi
ΗΡΙΚΟΣ
HIRIKOS
Καλαβρού
Kalavrou
Μποτσάρες
Botsares
ΛΕΥΚΑΣ
LEFKAS
Ν. ΦΟΡΤΙ
IS. FORTI
Αλυκές
Κάστρο Αλεξάνδρου
Alexander Castle
Καρυώτες
Kariotes
Λιθερί
Litheri
Λυγιά
Ligia
Ν. ΒΟΛΙΟΣ
IS. VOLIOS
Αγ. Νικόλαος
Agh. Nikolaos
Κάβαλλος
Kavalos
Σφακιώτες
Sfakiotes
Ασπρογερακάτα
Asprogerakata
Σπανοχώρι
Spanochori
Παλιοί Καρυώτες
Old Kariotes
Προφ. Ηλίας
Prof. Ilias
Αγ. Βάρβαρα
Agh. Varvara
Π. Παράδεισος
B. Paradisos
Πρεμεντινός
Premendinos
Λαζαράτα
Lazarata
Κατσούνα
Katouna
Όρμ. Δρέπανο
Drepanos Ba
Πινακοχώρι
Pinakochori
Πηγαδησάνοι
Pigadisani
Καμποχώρι
Kambochori
Καστέλλι
Kasteli
Επίσκοπος
Episkopos
Μ. Αγ. Ιωάννου
M. Agh. Ioannou
Ακόνι
Akoni
Αγ. Κηρύκος
Agh. Kirikos
Καρυά
Karia
Λιβάδι
Livadi
Νικιάνα
Nikiana
Αγ. Ιωάννης
Agh. Ioannis
Ασκητήριο Αγ. Πατέρων
Hermitage of Agh. Pateres
Αγ. Ανδρέας
Agh. Andreas
Αλέξανδρος
Alexandros
Φράξι
Fraxi
Μ. Αγ. Γεωργίου
M. Agh. Georgiou
Κολυβάτα
Kolivata
Πλατύστομα
Platistoma
Στρυφτούνα
Striftouna
Κοχλάτα
Kochlata
Μεγ. Ράχη
Meg. Rachi
Αγ. Σωτήρα
Agh. Sotira
Μαγκανάς
Manganas
Π. Μαγεμένου
B. Magemenou
Μ. Ευαγγελιστρίας (Κόκκινη Εκκλησία)
M. Evangelistrias (Kokkini Ekklisia)
Σκάρος
Skaros
Κεραμιδάκι
Keramidaki
Π. Κεραμιδάκι
B. Keramidaki
Πιατέλια
Platelia
Π. Πασά
B. Pasa
Εγκλουβή
Englouvi
Βαυκερή
Vafkeri
Μανδρί
Mandri
Καταρράκτες
Water Falls
Βουνό
Vouno
Φαγιάς
Faglas
Περιγιάλι
Perigiali
Παλιόμυλος
Paliomilos
Μ. Αγ. Ασωμάτων
M. Agh. Asomaton
Δημοσάρι
Dimosari
Ν. ΧΕΛΩΝΗ
IS. HELONI
Ράχη
Rachi
Κολώνι
Koloni
Μνημάτι
Mnimati
Αγ. Βλάσιος
Agh. Vlasios
Νυδρί
Nidri
Νεοχώρι
Neochori
Ν. ΜΑΔΟΥΡΗ
IS. MADOURI
Μεγάλο Αυλάκι
Megalo Avlaki
Αγ. Κυριακή
Agh. Kiriaki
Αλευράτα
Alevrata
Αγ. Χριστόφορος (Παλαιοκατούνα)
Agh. Christoforos (Paleokatouna)
Πολεμικό
Polemiko
Π. Κορακιάς
B. Korakias
Παναγία
Panaghia
Στενό
Steno
Πρίνος
Prinos

TOUR 1

Östliches Lefkada und Hinterland

Lefkada – Kalligoni – Kariotes – Lygia – Nikiana – Agioi Pateres – Kolyvata – Alexandros – Platystoma – Kokkini Ekklisia – Perigiali.

Bei dieser Tour haben Sie die Gelegenheit, sich am Wechsel von der lieblichen Landschaft der östlichen Seite der Insel in die Weite des Hinterlandes mit seinen bildschönen, malerischen Dörfern und der üppigen Vegetation zu erfreuen. Die Straße ist sehr gut, der Blick faszinierend und es gibt viele Sehenswürdigkeiten zu bewundern.

Ausgangspunkt ist immer die Stadt Lefkada. Wir starten in Richtung Nydri. An der Kreuzung mit der Kirche Agios Minas wählen wir die Straße, die uns in den östlichen Teil der Insel führt und treffen nach etwa einem Kilometer rechts auf die Kirche **Panagias tis Megalovrysotissas** (Lebensspendende Quelle). Hier befindet sich auch die "Große Quelle", die in früheren Zeiten einmal Ausgangspunkt der Wasserleitungen nach Lefkada Stadt waren. Die Kirche stammt aus dem 18. Jahrhundert mit schönem Glockenturm und einer sehr schönen Ikonenwand. Die wertvollsten Ikonen sind Werke von Ioannis Roussos wie "Dodekaorta" und "Apostoli". Hier findet auch der Panagiri (Jahrmarkt) von Megalovrysiotissa statt, der in der Vergangenheit einer der größten der Insel war und viele Bewohner der Stadt anlockte, da es nur einen kurzen Fußweg entfernt liegt.
Ein Stück weiter treffen wir auf die Siedlung **Kalligoni**, die an der Stelle der ersten antiken Hauptstadt der Insel, Niriko, entstanden ist. Niriko war bis ins dreizehnte Jahrhundert Hauptstadt der Insel, erst später und an anderer Stelle neu erbaut, erhielt sie den Namen Lefkada. Noch immer kann man hier die charakteristischen überdimensionalen Steine der zyklopischen Wände an der Stelle Kouloumos sowie Überreste von Häusern, der Wasserleitungen, der Zisternen und Gewölbe erkennen. Bis ins die Mitte des zwanzigsten Jahrhunderts waren die deutlichen Spuren eines Theaters aus der römischen Epoche erhalten geblieben, die der deutsche Archäologe Dörpfeld entdeckt hatte und die leider zerstört wurden. Die antike Stadt erstreckte sich vom Strand bis hoch auf den Berg und reichte nördlich bis zur so genannten Spasmeni Vrysi (gebrochene, zerstörte Quelle) etwa zwei Kilometer südlich der Großen Quelle.

|< >| = 1.000 m

Die Salinen

Lygia

Auch wenn die Strecke recht belebt ist, bietet sie doch einen erholsamen Blick auf ruhige und windstille Buchten und erfreut das Auge mit der üppigen Vegetation, die überwiegend von Olivenbäumen dominiert wird.

Das nächste Dorf auf unserer Tour ist **Karyotes**. Es wurde in den 50iger Jahren an seinem heutigen Platz errichtet. Früher lag es höher auf dem darüber liegenden Hügel, wo auch noch Überreste zu finden sind. An dieser Stelle lohnt es sich, einen kleinen Umweg zu machen und rechts in Richtung **Alykes Alexandrou** zu fahren um die Reste des alten Salzbergwerkes zu besuchen, die früher für die wirtschaftliche Situation von Lefkada eine bedeutende Rolle spielten und von besonderem Interesse sind.

Nach wenigen Kilometern kommen wir seitlich am schönen Hafen von **Lygias** vorbei, dem Reedereihafen des Bergdorfes **Katouna**. Hier in Lygia wird eine der bedeutendsten Fischmärkte des westlichen Griechenlands betrieben. Die Bewohner der gesamten Region beschäftigen sich heute neben dem Fischfang und der Landwirtschaft mit dem Tourismus und es gibt neu erbaute Hotels, Pensionszimmer und schöne Fischtavernen direkt am Meer, wo frischer Fisch und eine Auswahl anderer Speisen serviert wird. An der in der Nähe liegenden Stelle "Stou Tembeli" landeten am 9. März 1810 die Engländer und vertrieben die kaiserlichen Franzosen, die bis dahin die Insel besetzt hatten und übernahmen deren Rolle. Wir setzen den gewundenen Weg fort, der parallel zum Meer verläuft und nachdem wir das Dorf **Paradisos**, wo sich auch das schöne "Tal der Liebe" befindet (eine relativ neue, d. h. nachkriegszeitliche Bezeichnung) hinter uns gelassen haben, erreichen wir **Nikiana**, ein von den Einwohnern des gebirgigen Dorfes **Alexandros** erbautes Dorf.

Auch hier findet man am Strand ausgezeichnete Fischtavernen. Sie werden unvergessliche Abende am Meer genießen, wenn der Mond seine silberne Spur auf das Meer zeichnet, damit die "Mondgewandete" des Dichters Solomos auf ihr wandeln kann. Nach einem kurzen Stück durch das Dorf biegen wir rechts an der Hinweistabelle "Alexandros" und "Platystoma" und das Kloster Agios Pateres auf die aufwärts führende Straße ab. Die steile und kurvige Straße führt durch üppiges, duftendes Grün. Genießen Sie den herrlichen Blick auf den Kanal mit den Buchten und die Berge von Akarnania am Horizont.

Alexandros – Kolyvata Blick von Kiafa aus

Auf der gegenüber liegenden Seite, in Akarnania kann man die Festung des Alexanders erkennen. Die Festung erhielt ihren Namen von den Römern, die sie erbauten, zu Ehren des damaligen Zaren Alexander I. Die ersten und ursprünglichen Erbauer der Festung waren die damals herrschenden Venezianer, die sie "Fortino" nannten. 1808 geriet sie unter russische Herrschaft (während zwischenzeitlich die republikanischen Franzosen die Venezianer vertrieben hatten), welche die Festung umgestalteten und verstärkten, um Ali Pascha gewachsen zu sein, der in seinem Versuch, Lefkada einzunehmen, ein gegenüber liegendes Kloster, ein teke, d. h. ein Kloster der Derwische, in eine Festung umgebaut hatte. Die benachbarte kleine Festung Konstantinos wurde ebenfalls von den Russen erbaut und zu Ehren des Großen Herzogs Konstantinos, des Bruders des Zaren Alexander, benannt.

Zurück auf unserer Tour, erkennen wir in Akarnania ebenfalls die Stadt Palairo (Zaverda), das Kloster Ai Dimitri und die Inseln Kalamos und Kastos, die, wie auch Lefkada, den während der vorrevolutionären Zeit und Anfang des Befreiungskampfes von 1821 von den Türken verfolgten Griechen eine sichere Zuflucht boten (später verhängte der türkenfreundliche Kommissar Maitland überaus strenge Sanktionen). Dem Asphalt folgend, erreichen wir auf der rechten Seite die in die Felsen gehauene **Einsiedelei der Agion Pateron**, eines der ältesten christlichen Monumente der Insel. Gemäß der kirchlichen Überlieferung lebten und lehrten hier die drei Heiligen Väter, die nach der 1. Ökumenischen Synode in Nizza (325 n. Chr.) auf die Insel gekommen waren, das Evangelium. Sie wurden in der nahen Höhle beigesetzt. In der Einsiedelei findet jedes Jahr am ersten Sonntag nach Himmelfahrt ein großer Jahrmarkt statt.

Als nächstes besuchen wir das Dorf **Kolyvata**. Ein kleines, beschauliches und traditionelles Dorf mit steinernen Häusern. Wie auch die zwei Nachbardörfer **Alexandros** (es heißt, dass es von Slawen bewohnt wurde; bestärkt wird diese Annahme durch die Nachnamen seiner Einwohner: Manolits (is), Douvits (as) etc.) und **Plastystoma** ist es in üppige grüne Natur gebettet. Die drei Dörfer befinden sich auf großer Höhe in kurzem Abstand von einander und haben ihren malerischen Charakter erhalten. Da sie vom Meer entfernt liegen, gibt es nicht viel Tourismus und sie sind bildschön. Umrahmt von herrlicher Natur mit zahlreichen Wanderwegen und Ausflugszielen zu vielen attraktiven Zielen in der umliegenden Region, bieten sie einen wunderbaren Ausblick auf den Golf von Vlyxos.

Oben und unten: Die rote Kirche

Der Strand Nikiana

Einer der schönsten Ausflüge führt uns zum **Kloster Evangelistrias oder der Roten Kirche**, einem schönen Beispiel christlicher Architektur. Wir stoßen auf sie auf unserem Weg von Platystoma nach Perigiali, wenige Meter neben der Straße auf einer kleinen, über und über mit Blumen bedeckten Wiese. Es ist eines der ältesten und (zu damaliger Zeit) reichsten Klöster der Insel. Heute ist es leider geschlossen, wird aber glücklicherweise gerade restauriert. Das Fundament der ersten Kirche wurde im 15. Jahrhundert gelegt und Kokkini Ekklisia (Rote Kirche), nach dem zu seiner Erbauung verwendeten Ton, genannt und hat eine schöne Ikonenwand. Die von dem angesehenen Maler Tsen kunstvoll angefertigten Ikonen werden heute in der Öffentlichen Bibliothek der Stadt Lefkada in der sehr interessanten Sammlung nachbyzantinischer Ikonen im Stil der Ionischen Kunst ausgestellt. Besucher sind selten in diesem Kloster und so können wir es in der ergreifenden Stille der Landschaft, in der roten Pracht der Mohnblumen im Frühling und dem Duft der Weiden im Sommer genießen. Wir verlassen die Rote Kirche und folgen dem Asphalt wenige Kilometer, bis wir in **Perigiali** ankommen. Auch dieses ist eines der neueren Dörfer der Insel und wurde von den Bewohnern von Platystoma in den 50iger Jahren erbaut, als diese die Nähe zum Meer bevorzugten.

Auf unserer Rückkehr in die Stadt Lefkada kommen wir an der Stelle **Stou Passa** vorbei. Die Straße, die uns nach kurzer Entfernung wieder nach **Nikiana** führt, passiert auch To *Keramidaki* und To ***Magemenou***, Plätze, welche die schönsten Aussichten auf die Buchten und die kleinen Inseln Lefkadas, die Pringkiponnisa (Prinzeninseln) bieten, wie sie der phantasievolle Gründer der Veranstaltung Wort und Kunst, Antonis Tsevelekis, "taufte".

Um in die Hauptstadt der Insel zurück zu kommen und die Tour zu beenden, folgen Sie der bereits bekannten Strecke.

Βαυκερή
Vafkeri
Καταρράκτες
Water Falls
Σκάρος
Skaros
Περιγιάλι
Perigiali
Νυδρί
Nidri
Νεοχώρι
Neochori
Αγ. Χριστόφορος (Παλαιοκατούνα)
Agh. Christoforos (Paleokatouna)
Στενό
Steno
Γένι
Geni
Χαραδιάτικα
Haradiatika
Βλυχό
Vlicho
Όρμ. Βλυχού
Vlicho Bay
Κατωχώρι
Katochori
Φτερνό
Fterno
Πόρος
Poros
Μικρός Γιαλός
Mikros Gialos
Σύβοτα
Sivota
Εύγηρος
Evgiros
Σπαρτοχώρι
Spartochori
Βαθύ
Vathi
Κατωμέρι
Katomeri
Ν. ΜΕΓΑΝΗΣΙ
IS. MEGANISI
Ν. ΚΑΛΑΜΟΣ
IS. KALAMOS
Κάστρο
Kastro
Επισκοπή
Episkopi
Κάλαμος
Kalamos
Ν. ΚΑΣΤΟΣ
IS. KASTOS
Ν. ΚΥΘΡΟΣ
IS. KITHROS
Ν. ΑΡΚΟΥΔΙ
IS. ARKOUDI

|< >| = 1.000 m

TOUR 2

Nydri – Kleine Inseln und umliegende Regionen

Nydri – Ausflug zu den Inseln (entweder mit entsprechenden Ausflugsbooten oder mit einem von Ihnen gemieteten Boot) – Katarrachtes (Wasserfälle) – Archäologische Stätten – Niochori – Vlycho – Geni – Desimi – Poros – Syvota.

Dies ist eine der zwei Hauptrouten, die jeder machen sollten, der die Insel zum ersten Mal besucht. Diese Route bietet die Möglichkeit, die östliche Seite Lefkadas zu durchqueren und kennen zu lernen sowie ihren eigenen Charakter zu entdecken.

Von Lefkada Stadt aus halten wir uns in Richtung **Nydri – Vassiliki**. Wir passieren nacheinander die Dörfer Kalligoni, Karyotes, Lygia, Nikiana, Perigiali (s. Tour 1) und erreichen **Nydri**. Hierbei handelt es sich um den kosmopolitischsten Ort der ganzen Insel. In der Vergangenheit war es ein malerisches Fischerdorf, heute ist es das häufigste Ziel eines Großteils der Touristen, die die Insel besuchen. Vor Nydri liegt der Golf von Vlychos mit den weltbekannten kleinen Inseln und südlich der Berg Elati. Im Süden liegt die kleine Kirche Ai Lia auf dem Gipfel des gleichnamigen Berges sowie der Berg Skari im Norden. Das Dorf verfügt über moderne Hotelanlagen, Pensionszimmer, Restaurants und Bars und allen, die dort den Sommer verbringen wird die Möglichkeit zu Wassersport, Segeln und dem Besuch der kleinen Inseln des Golfes, als auch von Ithaka und Kefalonia geboten. Wie in Agios Nikitas werden auch in Nydri dem Besucher alle denkbaren Annehmlichkeiten und Unterhaltungsmöglichkeiten geboten. Hier hat man wirklich das Gefühl, dass es einem an nichts fehlt.

Im Golf vor Nydri tauchen die schönen Pringkiponnisia (Prinzeninseln) auf, die eine neben der anderen, und zusammen mit der Halbinsel Agias Kyriakis zur Rechten bilden sie einen bezaubernden Inselkomplex, einem Fjord ähnlich. Ein Besuch ist äußerst lohnenswert. Sie können auch im Hafen an Bord eines der vielen Ausflugsboote gehen, die eintägige Ausflugsfahrten anbieten oder selbst ein kleines Boot oder Schnellboot mieten und auf private Entdeckungstour gehen. Die Nydri am nächsten gelegenen Inseln von Westen nach Süden sind: Sparti, Cheloni, Madouri, Skorpidi, Skopios und weiter entfernt die Größte von allen, Meganisi. Jede dieser Inseln hat ihre eigene Geschichte: Onassis z. B. kaufte 1963 die Insel Sparti von der adeligen und ältesten Familie der Insel, der Familie Stavros, ließ sie bestellen und züchtete und jagte u. a. Fasane, die seine Speisekarte bereichern sollten.

Nydri, die Inseln Madouri, dahinter Skorpios und im Hintergrund Meganisi

Die Wasserfälle von Dimosari

Neben Sparti, in der Nähe des Festlandes, liegt das runde, mit Olivenbäumen bewachsene Felseneiland **Chelonaki**.

Wiederum daneben, etwa einen Kilometer von der Küste entfernt, befindet sich die kleine Insel **Madouri**, welche seit Anfang des 19. Jahrhunderts der Familie Valaoritis gehört. Weiter entfernt, nämlich ungefähr zwei Kilometer vor Nydri, liegt die Bekannteste dieser Inseln: Das **Skorpios** des Aristotelis Onassis. Die Insel hatte verschiedene Eigentümer. Ursprünglich befand es sich im Besitz der Türken und später der Venezianer. Ab der zweiten Hälfte des 19. Jahrhunderts gehörte es der Familie des Großunternehmers Mavroidis aus Lefkada, die auch die ersten waren, die die Insel bestellten und die ersten Häuser auf der Anhöhe der Insel erbauten. Ein Nachfahre der Familie, der romantische Philosoph Theodosios Mavroidis-Moustoxydis, verkaufte die Insel an einen Einwohner von Lefkada, der in den USA lebte, und von dem erwarb dann 1963 Onassis die Insel. Seitdem ist Skorpios in der ganzen Welt in sämtlichen Zeitschriften und Zeitungen präsent, war Gastgeber des internationalen Jetsets, erlebte große Momente des Ruhmes aber auch der tiefen Traurigkeit. Heute wartet es friedlich auf das, was da kommen mag.

Die Bucht von Vlychos

Die Wasserfälle von Dimosari

Der Erwerb von Skorpios durch Onassis war der Auslöser, der dieser Gegend wie auch der ganzen Insel den Antrieb gab, sich mit dem Tourismus zu beschäftigen. Setzen wir unsere Runde über die Inseln fort. Nördlich von Skorpios liegt die kleine Insel **Skorpidi**, Privatbesitz eines Libanesen. Weiter entfernt liegt die den Golf "schließende" größte Insel, **Meganisi**. Sie bietet üppige Vegetation, Wasserhöhlen und

wunderschönen Buchten, die häufig von Seglern aufgesucht werden, da sie sichere Ankerplätze sind. Im direkt anschließenden Kapitel "Kleinere Ausflüge von Nydri" kommen wir ausführlicher auf Meganisi zu sprechen.

Kleinere Ausflüge von Nydri

Wasserfälle – Niochori – Vlycho
An dieser Stelle beenden wir unsere kleine Inselkreuzfahrt und kehren zu unserem Ausgangspunkt Nydri zurück, um uns in eine völlig andere Umgebung und ganz unterschiedliche Atmosphäre zu begeben. Den Hinweisschildern, die sich auf der Hauptstraße des Dorfes befinden, folgend, besuchen wir die sich in dieser Gegend befindlichen Wasserfälle, um auch hier ein kleines Bad zu nehmen.

Geni

Agia Kyriaki

Die Strecke führt vorbei an Gärten und Feldern sowie dem Dorf Rachi und dann westlich aufwärts zu einem Pfad, der seitlich den Berg hinaufklettert und parallel zur Schlucht verläuft. Eine reiche Pflanzenwelt wirft ihren Schatten auf diesen Pfad und endet an einer Reihe Felsen, wo sich die Wasserfälle befinden. Wir setzen unseren Weg noch ein Stückchen fort und erreichen das natürliche Wasserbecken, wo sich das Wasser sammelt. Hier kann man zu Anfang des Sommers, wenn es noch reichlich Wasser gibt, im eiskalten, erfrischenden Wasser schwimmen, das sich hier von den Gipfeln der Berge der Insel hier sammelt. In dieser Gegend gab es in der Vergangenheit viele Wassermühlen, die die Weizenernte der Region mahlten.
Im Süden von Nydri befinden sich Stätten von besonderem archäologischem Interesse, deren Lage anhand der an der Straße befindlichen Hinweisschilder zu erfahren ist. Es handelt sich um Grabsteine und Überreste von Gebäuden, die aus der ersten hellenistischen Periode II stammen. Zu den Funden zählen Gegenstände, die darauf hindeuten, dass es eine Klassengesellschaft und eine Oberschicht gab. Mit den Ausgrabungen in der Umgebung von Nydri (aber auch anderen Regionen der Insel) beschäftigte sich in der Zeit von 1901 bis 1913 erstmals W. Dörpfeld. Viele dieser Ausgrabungsfunde sind im Archäologischen Museum der Stadt Lefkada ausgestellt.

Auf der Straße folgen wir dann dem Hinweisschild, welches uns nach **Niochori**, einem kleinen gebirgigen Dorf, führt, das einen Besuch schon aufgrund der herrlichen Aussicht wert ist. Von hier aus überblicken wir die **Bucht von Vlychos** mit den kleinen Inseln, die Ebene sowie das **Dorf Nydri, die Halbinsel von Agias Kyriakis, Geni** und die Berge von Akarnania in der Ferne. Unbedingt lohnenswert ist auch ein Besuch der Kirche Panagia tis Evangelistrias, die sich am Eingang des Dorfes befindet und die einzige Kirche mit einer Kuppel auf der ganzen Insel ist, sowie auch die kleine, am Ausgang des Dorfes gelegene Kirche Agios Dimitrios mit Wandmalereien aus dem 16. Jahrhundert.

Wir setzen unseren Weg auf der Hauptstraße fort und erreichen nach wenigen Kilometern in Richtung Süden das **Dorf Vlychos**, das seinen Namen von dem schwach salzhaltigen Wasser der geschlossenen Bucht, an der es liegt, erhalten hat. Die Einwohner waren überwiegend Seeleute und Schiffseigentümer und diese enge Beziehung zum Meer spiegelt sich auch in der Schiffswerft, die sich am Eingang des Dorfes befindet, wider. Die Bucht von Vlychos war in der Zeit der venezianischen Herrschaft Ankerplatz der Venezianer und während der türkischen Besetzung Versteck und Stützpunkt der Piraten des Ionischen Meeres. Heute ist es ein ruhiger Hafen mit Fischtavernen und schöner Aussicht.

Die Bucht von Desimi

Der Strand Laka

Geni – Desimi

Alternativ können wir von Vlychos aus südlich in Richtung Poros fahren. Wir biegen links in die mit Olivenbäumen gesäumte Straße ab, die uns nach Geni führt (es gibt eine Hinweistabelle).
Der phantastische Ausblick auf die Bucht von Vlychos mit den dort vor Anker liegenden Segelbooten, auf Nydri und den Bergen am Horizont lohnen einen Besuch. An einem Punkt endet die Straße und geht in einen sehr malerischen Pfad über, der zur kleinen Kirche **Agias Kyriakis** führt, die auf einer Bodenerhebung an der Stätte der antiken Tempel der Nymphen liegt. Jedes Jahr am 7. Juli findet hier ein großer Jahrmarkt statt, welcher eine große Zahl von Gläubigen, sogar aus Akarnania, anzieht. Die sich hier bietende Aussicht ist einzigartig. Unser Blickwinkel erfasst die auf dieser Seite von Lefkada stets ruhige See, paradiesische Inseln, Nydri und die hohen, tiefgrünen Bergen, die über allem wachen. Auf die Morphologie und den Eigenheiten dieses Platzes begründete der deutsche Archäologe **Wilhelm Dörpfeld** seine Theorie, nach der es sich bei Lefkada um das homerische Ithaka handeln sollte. Der deutsche Archäologe erkannte in der Beschreibung des Königsreiches des Odysseus die (geographische) Beschreibung von Lefkada, wie auch durch die zeitgenössische Erhaltung homerischer Ortsbezeichnungen. So vermutete er zum Beispiel die Melanydro Krini zum Beispiel in Mavroneri von Niochorio, den Garten des Laertsi an der Stelle "Pascha", die Ställe des Evmeios in der Chirospilia (Schweinehöhle) bei Evgiros, das Niriton im Gebirge Elati – Stavrota von Lefkada, das Niion ordnete er dem Skarosgebirge zu, den Hafen von Forkynos der Bucht im Norden von Nydri. Seine Ausgrabungen ergaben allerdings leider keine unanfechtbaren Beweise.

• **Wilhelm Dörpfeld (1853-1940): Architekt, Archäologe.**
Er unternahm Ausgrabungen in Olympia und vielen anderen archäologisch bedeutsamen Gegenden Griechenlands. Er war Mitarbeiter von Heinrich Schliemann bei den Ausgrabungen von Troja und Tirynthas. In seinen letzten Lebensjahren vertrat er die Theorie, dass es sich bei Lefkada um das homerische Ithaka handelte. Generell berief er sich auf geographische Kennzeichnungen und Ausgrabungsfunde vor allem in der Region von Nydri. Er verfasste das Werk "Alt Ithaka". Seine Theorie hat Feinde und Anhänger. Unter Letzteren befand sich der bedeutende zeitgenössische französische Homerforscher Em. Miraux, dessen Grab sich auf einer Anhöhe, die er selbst Lofos ton Nymfon (Hügel der Nymphen) getauft hatte, auf der Halbinsel Agias Kyriakis befindet.

Poros-Strand Mikros Gialos

Überreste eines antiken Landhauses

Auf dem Rückweg treffen wir auf ein anderes Hinweisschild, welches uns links zur Bucht Desimi führt. Wenn Ihre Tour Sie morgens hierher geführt hat, fahren Sie nach Desimi, um in dem ruhigen, türkisfarbenen und kristallklaren Meer zu schwimmen. Gegenüber in der Ferne liegt die Insel Meganisi.

Zwei Kilometer weiter finden Sie ebenfalls zwei schöne und ruhige Strände an dem als **Laka** bekannten Platz. Auf dem nicht asphaltierten Weg sollten Sie langsam und vorsichtig fahren. Wenn Sie dann nach Ihrem Bad hungrig geworden sind, empfehlen wir Ihnen, in die Region von Geni zurück zu fahren und eine der am Meer gelegenen Tavernen aufzusuchen, um ihre Mahlzeit in entspannter Umgebung zu genießen.

Kleiner lohnenswerter Umweg: *Kurz nach Vlychos können Sie hoch nach* ***Katoxori*** *fahren. In der Vergangenheit war es ein Marktflecken (das größte Dorf im Umkreis und Sitz der Kommunalverwaltung). Ein Besuch der bedeutenden Kirchen und Steinhäuser ist lohnenswert. Besonders hervorzuheben ist die Kirche* ***Agios Charalambos*** *mit Heiligenmalereien aus dem 16. Jahrhundert.*

Poros – Mikros Gialos – Syvota

Wir setzen unseren Weg in Richtung Süden fort und biegen links an dem Hinweisschild ab, das uns nach **Poros** bringt. Die Straße führt uns durch üppige Vegetation in eines der privilegiertesten Dörfer der Insel. An den Hängen eines großen Berges liegt es, einem Amphitheater ähnlich, sehr malerisch an einer vom Meer nicht einsehbaren Stelle, zum Schutz vor Piraten. Es wurde Poros genannt, da es ein Durchgang (Perasma) ist. Das Land ist fruchtbar und verfügt über eine reiche und vielfältige Vegetation. Hier wurden in der Vergangenheit die berühmten Messer von Lefkada (Levkaditika Machairia) hergestellt. Auf der Anhöhe oberhalb des Dorfes an der als "Pyrgi" bekannten Stelle am Rande des Tales, die mit Olivenbäumen bewachsen ist, befinden sich die Überreste eines antiken Landhauses, welches uns Informationen über die Verwendung kleiner Festungsanlagen (Pyrgospita) gibt.

Unterhalb des Dorfes, auf der zum Meer führenden Straße, liegen die schönen Strände **Mikro Gialo** und Rouda mit ihrem tiefblauen kristallklarem Wasser, an denen es meistens windstill ist, da sie geschützt im Golf liegen. Sehr empfehlenswert für ein kurzes, erfrischendes Bad.

Syvota

Kleiner lohnenswerter Umweg: *Im Dorf* ***Poros****, am Ende der Straße, die zur Kirche führt, biegen wir links auf den Feldweg ab und fahren in Richtung der roten Mobilfon-Antennen. Wir folgen dem Weg und erreichen am Ende einen Platz, der eine einzigartig schöne Aussicht bietet. Aus einem ungewöhnlichen Blickwinkel sehen wir die im Ionischen Pelagus verstreuten kleinen Inseln Nydri und Desimi.*
Diesen kleinen, abwechslungsreichen Abstecher sollten Sie nicht verpassen...

Wir kehren zur Kreuzung zurück, die uns von Nydri nach Poros gebracht hat und setzen unseren Weg in Richtung Süden fort. Nach wenigen Kilometern treffen wir an der Lia oder Fao genannten Stelle auf die kleine Kirche Panagia, die aus dem 18. Jahrhundert stammt und interessante Wandmalereien im volkstümlichen Stil aufweist. Von hier aus halten wir uns rechts und erreichen das malerische Dorf

foto: Arktos image Anna Kalaitzi

Fterno.Die Kirchen haben schöne Wandmalereien aus dem 18. Jahrhundert. Die Einwohner versichern, dass das in ihrem Dorf hergestellte Olivenöl das Beste der ganzen Insel sei. Dann folgen wir der Hauptstraße von Poros aus etwa 6 Kilometer abwärts zum Meer in Richtung **Syvota**. Dies ist ein sehr malerisches, am Meer gelegenes Dorf, das von tiefgrünen Hügeln umgeben ist. Es verfügt über Anlegeplätze für viele Boote, die hier die Möglichkeit haben, Proviant aufzunehmen und sich die Besatzungen ausruhen zu lassen. Der Theorie von Dörpfeld zufolge, ging Odysseus auf seiner Rückkehr nach Ithaka an dieser Stelle an Land. Heute bieten hier einige der bekanntesten Tavernen der Insel ihren Besuchern köstliche frische Fische, Hummer etc. an.

Wir schlagen vor, unsere Rundfahrt hier zu beenden, um uns auszuruhen, zu essen, Kaffee zu trinken und dann entspannt (und vielleicht auch irgendwie etwas müde) unsere Heimfahrt anzutreten.

DIE INSELN VON LEFKADA

Valy Vaimaki

Sonnenaufgang in Vathy

foto: Arktos image Anna Kalaitzi

Segelboote, Schlauchboote, Kutter, Kaiki: Der Inselkomplex südöstlich von Lefkada wird in jedem Jahr "von allem was schwimmt" regelrecht gestürmt. Mit Nydri als Ausgangspunkt können Sie eine Mini-Kreuzfahrt zu den Pringkiponisia unternehmen. Sie werden das berühmte Skorpios sehen, welches sich im Besitz von Aristoteles Onassis befindet, Sparti, Skorpidi (ebenfalls Eigentum von Onassis), die Insel Madouri, Geburtsort des Dichters Aristoteles Valaoritis. Besuchen Sie auch die größeren Inseln wie Kalamo, Kasto und Meganisi. Sie finden schöne Strände, kleine Häfen zum Anlegen und Siedlungen, die im Stil der 60er Jahre gebaut wurden. Die Tavernen bieten hier überall frischen Fisch und regionale Spezialitäten an.

Die Bucht Atherinos

Das Dorf Vathy

foto: Arktos image Anna Kalaitzi

Meganisi

Wenn man die Insel von oben sieht, beeindruckt die Form ihrer zerklüfteten Küsten, die tiefe Buchten bilden, vor allem an ihrer Nordseite. Auf den 20 Quadratkilometern leben über 100 Menschen mit ständigem Wohnsitz, die sich auf drei traditionelle Siedlungen mit ihren Steinhäusern verteilen: Katomeri, Spartchori und Vathy. Den schönsten Blick hat man von Spartochori, das auf felsigem Untergrund, aber mitten in grüner Natur errichtet worden ist und oberhalb des Hafens Spilia liegt. Der Weg von dort zum Hafen ist wunderschön und dicht mit Fichten bewachsen, auf halber Strecke können Sie sogar die bisher noch nicht erforschte Höhle des Zyklopen (Spilia tou Kyklopa) sehen.
In einer Entfernung von 3 Kilometern befindet sich Katomeri, ein bäuerliches Dorf mit Olivenbäumen und Weinlauben (der größte Olivenhain der Gegend heißt Misoi). Der dazugehörige Hafen heißt Vathy, ein schönes, direkt am Meer gelegenes Dorf.

Auf Meganisi gibt es zahlreiche Buchten, in denen man anlegen kann: Ambelaki, Balos, Platigiali, Svourna, Kolopoulou, Dichali, Limonari, Elia, Limni. Auf der südöstlichen Seite der Insel gibt es Höhlen, die Bekannteste unter ihnen ist die "Papanikoli-Höhle", die eine Tiefe von ungefähr 30 Metern und an ihrer Außenseite einen kleinen Sandstrand hat. Gemäß der Überlieferung war es eines der Verstecke des Unterwasser-Bootes von Papanikoli. Zu den anderen bekannten Höhlen zählen Giovani und Daimona, die nur vom Meer aus einen Zugang haben. Es ist auch interessant, sich auf Meganisi die über die Berghänge verteilten Windmühlen anzuschauen, die im 19. und 20. Jahrhundert viel Arbeit hatten. Die meisten befinden sich oberhalb des Hafens von Atherinos, wie auch die steinernen Brunnen mit ihren runden Steinbänken, die von geschickten Handwerkern geschaffen wurden. Von den Kirchen und Klöstern sind vor allem die Kirchen Agios Konstantinos und Elenis in Katomeri, Agios Nikolaos sowie das Kloster Agios Ioannis tou Prodromos, welches sich an einem Kieselstrand im Westen befindet, erwähnenswert. Überlieferungen zufolge, soll es im Jahr 1477 erbaut worden sein. Weiter heißt es, dass es von Piraten zerstört wurde, die die Heiligenikone ins Meer warfen und die dann ein Fischer mit seinem Netz aus dem Wasser zog. Später wurde das Kloster dank der unermüdlichen Bemühungen einer Nonne wieder aufgebaut. Ihr Grab befindet sich im Fundament der alten und der neuen Mauer des Klosters.

foto: Arktos image Anna Kalaitzi

Der Hafen von Kalamos

Nach der Mythologie war Meganisi in der Antike die Insel des Tafios (Tafios war der Sohn von Poseidon und König der Region). Homer sagt, dass Odysseus seine Schiffe dem königlichen Mentor Tafios anvertraute, als er Ithaka verließ. Laut einer anderen Theorie soll es sich bei Meganisi um die Insel Asteris handeln, die ebenfalls von Homer erwähnt wird. Das heutige Meganisi verfügt über einige Tavernen und Pensionszimmer sowie Pfade und kleine Straßen, die sich zum Wandern anbieten. Es liegt vier Seemeilen von Nydri entfernt.

foto: Arktos image Anna Kalaitzi

Kalamos

Die Insel hat eine Größe von 20 Quadratkilometern und eine auffällige Morphologie, da sich grüne Vegetation mit Berggipfeln verbinden. Es lassen sich alle Arten von Pflanzen finden: Sandbeerbäume, Lorbeer, Olivenbäume, Zwergeichen und die berühmten Meeres- oder Königsfichten, die zwischen den Felsen wachsen und bis zum Strand reichen. Auf der Insel haben weniger als 600 Menschen ihren ständigen Wohnsitz. Es gibt vier Dörfer – Kalamos, Episkopi, Kastro und Kefali, höchster Gipfel der Insel ist der Vouni (750 Meter). Die gleichnamige und sehr schöne Siedlung ist ein Hafen für alle Arten von Booten und ist amphitheater-ähnlich an den Hängen des Vouni angelegt. Die Steinhäuser mit ihren Ziegelsteindächern stehen so eng beieinander, dass zwischen ihnen nur Platz für eine Kopfsteingasse bleibt. In Kalamos beginnt die ansteigende Straße, die durch wunderschöne Fichtenwälder führt und uns nach Episkopi bringt, dem zweitkleinsten Dorf der Insel. Hier scheint die Zeit 1960 stehen geblieben zu sein, es gibt nur wenige Häuser, die im Sommer bewohnt sind und es hat einen kleinen Hafen für Boote und Kaikia. Von hier aus ist der Mytikas in Aitolokarnania per Boot in nur zehn Minuten erreichbar.

Kleine Bucht in Kastos

foto: Arktos image Anna Kalaitzi

Das Seehundsloch von Kastos

foto: Arktos image Anna Kalaitzi

Auf dem Weg von **Kalamos nach Episkopi**, der ideal zum Wandern ist, können Sie an dem kleinen Strand von Agios Konstantinos, wo sich auch die Kirche des Heiligen Donatos (ein Heiliger, der nur auf den Ionischen Inseln verehrt wird) befindet, eine Pause einlegen. In der Nähe von Episkopi steht auch das Dorf Kastro mit seinem im Grünen liegenden Burgkloster, das wahrscheinlich aus der byzantinischen Zeit stammt. Vom Kloster sind nur Teile der hohen Mauern mit den Arkaden übrig geblieben, die als Schießscharten verwendet wurden. Es heißt, hier sei die Mutter des Freiheitskämpfers Karaiskakis beerdigt.
Ebenfalls sehenswert auf der kleinen Insel sind: Der **Chalasma**, eine hohler Felsen im Süden, wo sich das Unterseeboot "Papanikolaos" im Zweiten Weltkrieg versteckt hielt, das Eiland Fermekoula im Südwesten, das von den Seehunden Monachus monachus aufgesucht wird, die alte Kirche Agios Ioannis und die Dorfkirche Agios Konstantinos in der Nähe des Leuchtturms. Die Strände von Kalamos, die man überwiegend vom Meer aus erreicht, sind **Myrtia, Asprogiali, Pevki, Kefali**, mit der alten Siedlung **Kedros, Alexaki, Kipi und Trachilos**. Wenn Sie um das Eiland schwimmen, halten Sie auch Ausschau nach den Höhlen, die ebenfalls interessant sind.

Kastos

Flache Hügel, zerklüftete Küsten und überall Olivenbäume: Kastos ist ein idealer und sicherer Ankerplatz und eine äußerst fischreiche Gegend. Das einzige Dorf mit seinen Steinhäusern und den Tavernen ist rund um den Hafen erbaut und hier wohnen auch die ca. 50 Menschen, die ihren ständigen Wohnsitz auf der Insel haben. Im Sommer vervielfältigt sich diese Zahl natürlich um ein Großes. Die Strände heißen Ambelaki und Fyki (im Süden), Vali, Kilada, Agios Aimilianos (hier befindet sich auch das "Seehundsloch", eine kleine, 30 Meter tiefe und von Strand umgebene Höhle), Limni, Kamini und Vrisidi im Osten, die auch vom Land aus erreicht werden können. Die westliche Seite der Insel besteht aus Steilwänden und hat keine Strände. Dort liegt auch die Bucht Sarakiniko mit einem kleinen Anleger, wo Sie Ihr Boot sicher ankern können, wenn der kräftige Südwind bläst. Auf Kastos ist die Kirche Agios Ioannis tou Prodoromos sehenswert, die in der Mitte des 19. Jahrhunderts erbaut wurde und in der sich Gemälde mit Olivenbäumen von Spyridon Gazis befinden, sowie die Dorfkirche Agios Aimilianos (4 Kilometer außerhalb des Dorfes), der Olivenhain mit den uralten Olivenbäumen an der als Kalikerimi bekannten Stelle und das Eiland Prasonisi (Mangelaria) in der Nähe des Hafens. Die Windmühlen, auf die Sie an verschiedenen Orten treffen, befinden sich in Privatbesitz. Eine von ihnen gilt als die auf den Ionischen Inseln am besten erhaltene: ihr Mechanismus ist noch unbeschädigt und sie war bis 1949 in Betrieb. An der Stelle Vigla wurden verschiedene Ausgrabungsfunde gemacht, die belegen, dass seit der Antike Beziehungen zu den Inseln Meganisi und Kalamos bestanden. Kastos wird mit der gegenüber liegenden Küste von Mytika per Kaiki verbunden.

B

ΛΕΥΚΑΔΑ
LEFKADA
Τσουκαλάδες
Tsoukalades
Φρύνι
Frini
Απόλπαινα
Apolpena
Περιβόλια
Perivolia
Ζωοδόχος Πηγή
Zoodochos Pigi
Μποτσάρες
Botsares
Λιθερί
Litheri
Κάβαλλος
Kavalos
Σφακιώτες
Sfakiotes
Ασπρογερακάτα
Asprogerakata
Πρεμαντινός
Premandinos
Σπανοχώρι
Spanochori
Παλιοί Καρυώτες
Old Kariotes
Προφ. Ηλίας
Prof. Ilias
Λαζαράτα
Lazarata
Κατούνα
Katouna
Πινακοχώρι
Pinakochori
Καμποχώρι
Kambochori
Καστέλλι
Kasteli
Ακόνι
Akoni
Δρυμώνας
Drimonas
Πηγαδησάνοι
Pigadisani
Πύργος
Pirgos
Εξάνθεια
Exanthia
Καλαμίτσι
Kalamitsi
Αγ. Νικήτας
Agh. Nikitas
Όρμ. Αγ. Νικήτα
Agh. Nikitas Bay
Μεγ. Ράχη
Meg. Rachi
Λαλά Ράχη
Lala Rachi
Καλαβρού
Kalavrou
Κρεββατατά
Krevatata
Κατσιγιαννάτικα
Katsigianatika
Μέγα Όρος
Mega Oros
Αργαλιό
Argalio
Τσαμνάνη
Tsamnani
Καρυά
Karia
Λιβάδι
Livadi
Αλέξανδρος
Alexandros
Κολλυβάτα
Kollivata
Κοχλάτα
Kochlata
Πλατύστομα
Platistoma
Σκάρος
Skaros
Πιατέλια
Piatelia
Μανδρί
Mandri
Καταρράκτες
Water Falls
Παλιόμυλος
Paliomilos
Φαγιάς
Fagias
Βαυκερή
Vafkeri
Βουνό
Vouno
Εγκλουβή
Englouvi
Καστανιά
Kastania
Φυτιές
Fities
Μακρύκαμπος
Makrikambos
Λιβάδια
Livadia
Βουρλιά
Vourlia
Ασκητήριο Αγ. Πατέρων
Hermitage of Agh. Pateron
Μ. Ευαγγελιστρίας (Κόκκινη Εκκλησία)
M. Evangelistrias (Kokkini Ekklisia)

|< >| = 1.000 m

TOUR 3

Westliches Lefkada – Strände

Lefkada – Pevkoulia – Agios Nikitas – Mylos – Kathisma – Kalamitsi (und den Stränden) – Drymonas – Sfakiotes – Lefkada

Dies ist ein Ausflug, der uns die paläontologische "Weltentstehungsgeschichte" des westlichen Lefkadas offenbart, die Vorgeschichte der gewaltigen jähen Abgründe, die die steilen Felsen formten, die bodenlose, tiefblaue Unendlichkeit des Ionischen Meeres (und weit bis ins adriatische Meer!) aber auch die ruhige Einsamkeit Strände mit ihren kleinen weißen Kieseln. Der Ausflug führt uns vorbei an den schönsten und bekanntesten Strände der Insel, die in der ganzen Welt bekannt sind und in jedem Jahr bei einer Abstimmung über das Internet ausgezeichnet werden und die Blauen Flaggen der EU erhalten, bis zum erhabenen, eindrucksvollen Kap Levkatas. Der Rückweg erfolgt über das gebirgige Hinterland. Die Straße ist über die gesamte Länge sehr gut ausgebaut mit Ausnahme der letzten Kilometer bis zum Kap, wo sie nicht asphaltiert, trotzdem aber gut befahrbar ist.

Wir starten in der Stadt Lefkada und folgen den Hinweisschildern, die uns in das Dorf Agios Nikitas führen. Wir fahren am Kloster der Panagia der Faneromenis vorbei, dem "Palladium der Nisou". Auf der rechten Seite genießen wir die herrliche Aussicht: Die Stadt von Lefkada, umgeben vom Wald mit den uralten Olivenbäumen und dem Meer, in dem sich die Sonne spiegelt, die zwei Lagunen und der Kanal. Die Blau- und Grünschattierungen sind unzählig, die bunte Farbenvielfalt der Häuser der Stadt, die blendend weißen Segel der Segelboote und die leuchtend bunten der Surfbretter, die mit dem Wind und den Wellen von Gyra und Ai Gianni kämpfen, stimmen uns fröhlich.

Wir erreichen das Dorf **Tsoukalades**, das auf einer Anhöhe inmitten unzähliger Olivenbäume gebettet liegt und von vielen Punkten aus einen herrlichen Blick auf das Ionische Meer bietet. Die Einwohner sind alteingesessene Olivenbauern und auf der Insel bekannt für ihre Wurfkünste. Viele der Einwohner sind auch Akademiker (Lehrer etc.). Es ist ebenfalls lohnenswert, zu einem der Strände des Dorfes hinunter zu gehen. Wir folgen dem Asphalt und nach wenigen Kilometern bietet sich uns eine atemberaubende Aussicht auf die Unendlichkeit des Ionischen Meeres. Das Meer glitzert in der Sonne und seine Klarheit lädt uns zu einem spontanen Bad ein.

Der Strand Pevkoulia

Blick auf den Strand Pevkoulia von Agios Nikitas aus

Der erste Strand, auf den wir treffen, ist auch einer der besten: **Pevkoulia**. Hier reichen die Fichten der Berghänge bis zum Strand und werfen an manchen Abschnitten ihre Schatten, den Dutzende Camper nutzen, die hier wild campen. Das Meer ist herrlich und kristallklar und der Strand besteht aus dem feinen Kiesel von Lefkada, der sich fast an allen westlichen Stränden findet und die Fußsohlen massiert, sich aber vor allem mühelos mit einer Bewegung abstreifen lässt.

Weiter geht es in das Dorf **Agios Nikitas**, welches sich nur wenige Kilometer entfernt befindet und als traditionelle Siedlung charakterisiert werden kann. Die schönen Steinhäuser liegen eines dicht neben dem anderen, so dass sich ihre Dächer fast berühren. Der Grund hierfür ist nicht nur allgemein die begrenzt zur Verfügung stehende Baufläche, sondern ermöglichte früher auch eine schnelle Flucht vor den Piraten. Trotz der erhöhten Bautätigkeit in den Außenbezirken konnte sich das Dorf seinen reizvollen und malerischen Charme erhalten. Der zum Dorf gehörende Meeresabschnitt besticht durch seine durchsichtige Klarheit und schenkt uns, während wir in ihm baden - auch durch den gleichzeitigen Blick auf das wunderschöne Dorf – ein unvergessliches Erlebnis.

Agios Nikitas

Der Strand Milos

Der Strand Kalamitsi

In Agios Nikitas verbringt man seine Ferien und hat das Gefühl, dass einem alle nur denkbaren Wünsche für einen angenehmen Aufenthalt hier erfüllt werden. Es fehlt einem einfach an nichts, Baden, Essen, Unterhaltung, alles steht zur Verfügung. Von besonderem Interesse ist es, hier die Karwoche mitzuerleben, wenn z. B. die Osterprozession, an der das gesamte Dorf und alle seine Gäste teilnehmen, sich zum Meer bewegt und der Frühlingsabend von allgemeiner Ergriffenheit erfüllt ist. Von Agios Nikitas aus kann man mit Booten (zu Taxipreisen), die am Strand ablegen, an den daneben liegenden Strand **Mylo**, einen meiner Meinung nach der schönsten Strände der Insel, fahren. Der vergleichsweise schwierige Zugang verhindert größeres Gedränge und so kann man die herrliche Klarheit und Farbe des Meeres in Ruhe genießen.

Zurück in Agios Nikitas folgen wir dem Hinweisschild, welches uns zu einem anderen schönen Strand leitet, nach **Kathisma**. Früher war er ein ruhiger Strand der FKK-Anhänger, heute ist er einer der kosmopolitischsten Strände der Insel. Die Veränderung wurde durch Pensionszimmer und Beach Bars hervorgerufen, die dem Strand einen anderen Charakter gegeben haben. Das Meer ist herrlich, aber beim Baden sollte man vorsichtig sein wenn der Maestro stärker bläst, denn der Untergrund sinkt abrupt ab und auch die Wellen können gefährlich werden.

Unsere nächste Station ist "das schöne **Kalamitsi**, wo die Blumen blühen" (to Kalamitsi t'omorfo p'anthei ke louloudize). Ein Gebirgsdorf, in dessen Region sich drei schöne Strände befinden, die gut mit dem Auto zu erreichen sind. Am späten Nachmittag verzaubert Sie ein traumhaft schöner Sonnenuntergang (vielleicht einer der spektakulärsten der Insel). Die Sonne taucht den Himmel in ein Farbenmeer und zieht sich in all ihrer Pracht in die Tiefen des Ionischen Meeres zurück. Auf unserem Weg zum oder vom Strand lohnt sich ein kleiner Umweg zum Besuch der Dorfkirche Panagia ton Kipon, die sich in idyllischer Umgebung befindet. Wir erreichen Kalamitsi und treten den Rückweg an oder setzen unseren Ausflug mit einer weiteren Tour fort.

Der Strand Kathisma

Der Strand Kalamitsi

Πύργος
Pirgos
Κομηλιό
Komilio
Χορτάτα
Hortata
Άγ. Θεόδωρος
Agh. Theodoros
Σπαρτοβούνι
Spartovouni
Άγ. Βασίλειος
Agh. Vasilios
1182
1167
Μανάση
Manasi
Παναγία
Panaghia
Σταυρωτάς
Stavrotas
Καστελλάς
Kastelas
Κονταγιάννη Ράχη
Kontagiani Rachi
637
Αγ. Ελεούσα
Agh. Eleousa
Πανοχώρι
Panochori
Δράγανο
Dragano
Νικολής
Nikolis
Άγ. Νικόλαος
Agh. Nikolaos
Π. Γιαλού
B. Gialou
Καμπά
Kamba
Ρουπακιάς
Roupakias
Παναγία
Panaghia
539
Αθάνι
Athani
Μέγας Λάκκος
Megas Lakos
Αγ. Πέτρος
Agh. Petros
Κρεμάσματα
Kremasmata
732
Αγ. Ιωάννης Ριγανάς
Agh. Ioannis Riganas
Λυγερό
Ligero
Πυργιοκάθι
Pirgiokathi
729
Κεφαλληνοί
Kefalini
Νικαία
Nikea
682
Μέγα Βουνό
Mega Vouno
581
Κουφοπόδι
Koufopodi
Πυργί
Pirgi
Σπαρτιάς
Spartias
Π. Εγκρεμνοί
B. Egremni
647
Πόντη
Ponti
Μαυρή
Mavri
Π. Βασιλικής
B. Vasilikis
Μελιός
Melios
Χρυσοβούνια
Chrisavounia
Βασιλική
Vasiliki
Μεροβίγκλι
Merovigli
Όρμ. Βασιλικής
Vasiliki Bay
Σύκερο
Sikero
556
Αργυρός
Argiros
Αγ. Δημήτριος
Agh. Dimitrios
Αλεκτάρι
Alektari
Ακ. Τράχηλος
C. Trachilos
439
Καλό Όρος
Kalo Oros
Π. Πόρτο Κατσίκι
B. Porto Katsiki
Π. Αγιοφύλλι
B. Aghiofili
Π. Αμμούσσα
B. Amouso
Άγ. Νικόλαος Νηράς
Agh. Nikolaos Niras
Ακ. Καστρί
C. Kastri
Όρμ. Καστρί
Kastri Bay
Μαραθιάς
Marathias
Μ. Αγ. Νικολάου
M. Agh. Nikolaou
Λευκάτας
Lefkatas
|< >| = 1.000 m

TOUR 4

Südwestliches Lefkada - Strände

Chortata-Athani - Enkremni - Porto Katsiki - Levkata

Wir setzen die vorherige Tour in südlicher Richtung fort, lassen Kalamitsi hinter uns und erreichen das Dorf Chortata. Folgen Sie der neuen Asphaltstraße und halten Sie sich an der Kreuzung rechts. Der sich hier in alle Richtungen bietende Ausblick ist beeindruckend und an manchen Punkten könnte man fast den Eindruck haben, im Flugzeug zu sitzen. Zu unserer Rechten liegt das Ionische Meer und der gewundene Weg führt uns mal auf- mal abwärts.
Auch Chortata ist ein Gebirgsdorf mit recht vielen malerischen Steinhäusern und bietet einen wunderbaren Blick auf das südwestliche Lefkada. Man sagt, dass seine ersten Einwohner aus Süditalien stammten. Sie waren bekannt für ihr gutes Wasser und die ausgezeichnete Qualität der von ihnen angebauten Linsen.

Komilio ist ein kleines Dorf mit Steinhäusern, engen Gassen und nur wenigen Einwohnern. Die Kirche Agios Athanassios, die während der türkischen Besetzung errichtet wurde, ist eine der Sehenswürdigkeiten des Dorfes, nicht so sehr wegen der Ikonenmalerei oder ihrer Architektur, sondern (so, wie sie fast versteckt in der Erde liegt) weil sie während der dunklen Jahren ihrer Errichtung Zeuge der Leiden der Christen wurde.

In Dragano, einem weiteren kleinen Dorf im Süden der Insel, befindet sich ein bedeutendes Beispiel eines vorindustriellen Gebäudes. Es handelt sich um eine Ölmühle, die den Einwohnern über Jahrhunderte bei der Verarbeitung der Oliven und zur Herstellung von Olivenöl diente. Wir setzen unseren Weg fort und erreichen Athani. Es liegt oben auf einem steilen Felsen, um sich vor den gefährlichen Piratenüberfällen zu schützen, die das Dorf oft heimsuchten. Es hat eine einzigartige Aussicht auf das Ionische Meer. Hier wird übrigens der bekannte Thymian-Honig hergestellt. In dieser Gegend befinden sich auch die berühmtesten Strände der Insel.

In Athani müssen Sie unbedingt das Kloster **Agios Kirykos** besuchen, das während der türkischen Besetzung gegründet wurde. In der Nähe befinden sich noch die Überreste eines antiken Gebäudes. Kurz nach dem Dorf zweigen von der Straße, die zum Kap Levkatas führt, Wege ab, die uns zu den einzigartigen und berühmtesten Strände der Insel bringen: **Enkremni und Porto Katsiki**.

Der Strand Porto Katsiki

Der Strand Enkremni

Der Strand **Enkremni** ist ein Paradies für alle, die einsame Strände suchen. Die Farben hier erinnern an die Postkarten der exotischen Inseln der Karibik. Das Wasser ist kristallklar und der Strand phantastisch. Sie sollten diesen Strand unbedingt besuchen, es ist allerdings nicht ganz unbeschwerlich, ihn zu erreichen, denn Sie müssen über 300 Treppenstufen erst herunter- und dann wieder hinaufsteigen. Lassen Sie sich aber trotzdem nicht davon abhalten, denn Sie erwartet ein unvergessliches Erlebnis. Auf dem Weg zum Kap Levkatas erreichen wir dann auch den berühmtesten Strand der Insel, **Porto Katsiki**. Dieser Strand wird weltweit in allen Reiseführern, die die Schönheiten Griechenlands preisen, besonders hervorgehoben. Das kristallklare, türkisfarbene Wasser bildet einen faszinierenden Kontrast zu den weißen Felsen und dem schneeweißen Sand. Von Athani aus ist unsere letzte Station das **Kap Levkatas oder Kap tis Niras oder tis Kyras**. Es ist wirklich atemberaubend. Abschüssige steile Felsen und wildes, aufgewühltes, bodenloses Meer bilden eine aufregende Szenerie. Diese weißen Felsen, so heißt es, hätten der Insel Lefkada (levkadi petri = weiße Steine) ihren Namen gegeben.

Das Kap Levkatas

Der Blick vom Kap aus

Weiter unten befindet sich auch der große Leuchtturm des Kaps, der aus meilenweiter Entfernung zu sehen ist und auf einem antiken Apollon-Tempel errichtet wurde. Dieser Tempel war in der damaligen antiken Welt überall bekannt und in jedem Jahr fanden hier griechische religiöse Feiern zur Besänftigung der Götter des Meeres statt, die sogar Menschenopfer beinhalteten. Es heißt, dass die antike lyrische Dichterin Sapho sich hier ins Meer stürzte, um sich von ihrer Liebe zu dem jungen Faona zu befreien.

Die beste und eindrucksvollste Tageszeit, um das Kap Levkatas zu besuchen, ist natürlich die Stunde des Sonnenuntergangs. Wenn die Sonne mit ihren Strahlen die Felsen entzündet und das Meer in Farben taucht, welches in seiner eigenen Sprache von den jahrtausende alten Geschichten murmelt... Um in die Stadt zurück zu kehren, empfehlen wir wieder die Strecke über Chortata (siehe Tour 3) und Kalamitsi. Von dort aus halten Sie sich in Richtung **Drymona**. Dies ist ein schönes gebirgiges Dörfchen, das sich im Frühling in ein Meer aus blühenden wilden Judasbäumen verwandelt. Folgen Sie der gebirgigen Asphaltstraße nach Sfakiotes und setzten Sie ihren Weg in nördlicher Richtung bis zur Stadt fort.

Β
ΛΕΥΚΑΔΑ
LEFKADA
Ακ. Γυρόπετρα
C. Girapetra
Π. Γύρος
B. Giras
Ορμ. Φλέβα (Βαρκό)
Fleva (Varko) Bay
Ακ. Αγ. Ιωάννης
C. Agh. Ioannis
Π. Καμίνια
B. Kaminia
Π. Αγ. Ιωάννη
B. Agh. Ioannis
Τσουκαλάδες
Tsoukalades
Φρύνι
Frini
Απόλπαινα
Apolpena
Ζωοδόχος Πηγή
Zoodochos Pigi
Περιβόλια
Perivolia
Καλλιγόνι
Kaligoni
Μπατσάρες
Batsares
Καρυώτες
Kariotes
Λυγιά
Ligia
Ορμ. Αγ. Νικήτα
Agh. Nikitas Bay
Ακ. Αγ. Νικήτας
C. Agh. Nikitas
Αγ. Νικήτας
Agh. Nikitas
Κάβαλλος
Kavalos
Σφακιώτες
Sfakiotes
Ασπρογερακάτα
Asprogerakata
Σπανοχώρι
Spanochori
Λιθερί
Litheri
Παλιοί Καρυώτες
Old Kariotes
Προφ. Ηλίας
Prof. Ilias
Πραιμεντινός
Premendinos
Λαζαράτα
Lazarata
Κατούνα
Katouna
Καταγιαννάτικα
Katsigianatika
Πινακοχώρι
Pinakochori
Δρυμώνας
Drimonas
Πηγαδησάνοι
Pigadisani
Καστέλλι
Kasteli
Επίσκοπος
Episkopos
Εξάνθεια
Exanthia
Καλαμίτσι
Kalamitsi
Πύργος
Pirgos
Καρυά
Karia
Λιβάδι
Livadi
Ακόνι
Akoni
Νικιάνα
Nikiana
Ασκητήριο Αγ. Πατέρων
Hermitage of Agh. Pateres
Μέγα Όρος
Mega Oros
Αργαλιό
Argalio
Αλέξανδρος
Alexandros
Κολλυβάτα
Kolivata
Φράξι
Fraxi
Τσαμνάνι
Tsamnani
Πλατύστομα
Platistoma
Μεγ. Ράχη
Meg. Rachi
Μαγκανάς
Manganas
Καστανιά
Kastania
Αμμόκαμπος
Amokambos
Μ. Ευαγγελίστριας (Κόκκινη Εκκλησία)
M. Evangelistrias (Kokkini Eklisia)
Σκάρος
Skaros
Κεραμιδάκι
Keramidaki
Φτελιές
Fties
Μακρύκαμπος
Makrikambos
Εγκλουβή
Englouvi
Βαυκερή
Vafkeri
Καταρράκτες
Water Falls
Πιατέλια
Piatelia
Μάνδρι
Mandri
Βουνό
Vouno
Παλαιόμυλος
Paliomilos
Φαγιάς
Fagias
Περιγιάλι
Perigiali
Χορτάτα
Hortata
Λιβάδια
Livadia
Δημοσάρι
Dimosari
Ράχη
Rachi
Κολώνι
Koloni
Νυδρί
Nidri
Αγ. Θεόδωρος
Agh. Theodoros
Κολοκαθινό
Kalokerino
Μνημάτι
Mnimati
Αγ. Βλάσιος
Agh. Vlasios
Νεοχώρι
Neochori
Όρος Ελάτη
Mt. Elati
Αγ. Βασίλειος
Agh. Vasilios
Αλευράτα
Alevrata
Αγ. Χριστόφορος (Παλαιοκατούνα)
Agh. Christoforos (Paleokatouna)
Μεγάλο Αυλάκι
Megalo Avlaki
Αγ. Κυριακή
Agh. Kiriaki
Μανάσι
Manasi
Πολεμικό
Polemiko
Στενό
Steno
Πρίνος
Prinos
Σταυρωτάς
Stavrotas
Άγιος Ηλίας
Agh. Ilias
Γένι
Geni
Αλατρο
Alatro
Χαραδιάτικα
Haradiatika
Ορμ. Βλυχού
Vlicho Bay
Νικολής
Nikolis
Ομαλή
Omali
Βλυχό
Vlicho
Ρόιδα
Roida
Παλιά Αλώνια
Palia Alonia
Σύβρος
Sivros
Π. Βλυχού
B. Vlichou
Π. Λαγκάδα
B. Langada

|<   >| = 1.000 m

TOUR 5

Zentrales Hinterland

Lefkada – Odigitria – Sfakiotes – Pigadisani - Karya – Agios Donatos – Enklouvi – Moni Asomato – Vavkeri – Nydri – Lefkada

Und wieder mit Ausgangspunkt der Stadt Lefkada starten wir in Richtung Sfakiotes. Während der Tour bietet sich uns der Blick auf die üppige Natur der Insel, die sich über die umliegenden Hügel ausbreitet. Olivenbäume, Zypressen, Ginster, Mastixbäume, Salbeibüsche, Weinreben (die Überreste des einstigen Weinanbaus) und an einigen Stellen, je nach Richtung der Straße, sehen wir entweder die Stadt Lefkada oder die Alexandros-Bucht, in der in den 30iger Jahren während des Sommers regelmäßig die britische Flotte des Mittelmeeres für einig Tage ankerte.

Wir folgen der aufwärts führenden gewundenen Straße und sehen auf der rechten Seite das halb zerfallene **Kloster Theotokou Odigitrias**. Es wurde Mitte des 15. Jahrhunderts von Eleni Palaiologina (wahrscheinlich an der Stelle eines alten Tempels) erbaut und diente auch ihr selbst als Unterkunft, da sie nach dem Tod ihrer Tochter Melissa, die mit dem Herzog von Lefkada, Leonardo Tokko III. verheiratet worden war, beschlossen hatte, sich ins Kloster zurückzuziehen. Es hat besonders gepflegte Mauern und seine Ikonenmalerei stellt ein seltenes Beispiel einer Synthese sowie byzantinischer als auch illyrischer Malerei dar. Die Wandmalereien befinden sich als Ausstellung im Byzantinischen Museum in Athen.

So wie wir unseren Weg fortsetzen, bietet sich uns eine Vielzahl verschiedener Aussichten. Man sieht die Alexandros-Bucht, die Berge von Xiromeros, die Städte Astakos und Mytikas sowie die Inseln Meganisi, Kalamos und Kastos. Rechterhand kommen wir dann an die als **Boza** bekannte Stelle. Hier stießen 1819 die aufgewiegelten Einwohner von Lefkada, die über die hohe Besteuerung empört waren, auf die herrschenden Briten. Der Straße folgend, sehen wir rundherum auf den Hügeln die Häuser einer Reihe nah beieinander liegender, malerischen Dörfer, die die **Gemeinde Sfakiotes** bilden: Spanochori, Lasarata, Kavallos, Asprogerakata und Pinakochori.

Der Glockenturm von Agios Dionyssios in Lasarata

Der Glockenturm von Agios Spyridonas in Lasarata

Oben: Das Dorf Asprogerakata in der Gemeinde Sfakiotes
Unten: Der Brunnen in Frya

Die Historiker sind sich über den Ortsnamen "Sfakiotes" uneinig. Einige unterstützen die Theorie, dass die ersten Bewohner und gleichzeitigen Gründer des Dorfes Ende des 17 Jahrhunderts wegen des kretischen Krieges aus Sfakia auf Kreta kamen. Sie berufen sich ebenfalls auf die Namensendung " - akis", die man bei den meisten Namen der Einwohner findet (z. B. Kouniakis, Georgakis). Andere wiederum sehen den Ursprung in den zahlreich hier wachsenden Asfodelus (die schwächste Theorie), und noch andere berufen sich auf mittelalterliche Schriften, in denen der Name Asfakia auftaucht. Tatsache ist auf jeden Fall, dass die Einwohner von Sfakiotes, die Sfakisani, zu den gastfreundlichsten Bewohnern von Lefkada zählen, sie sind fortschrittlich, geschickt (und gelten zusammen mit den Einwohner von Exantheias, den Xathites, als hervorragende Weinbauern) und ausnehmend großzügig, wie auch historische Ereignisse bestätigen.

Hier befand sich 1357 das revolutionäre Zentrum, als sich die Dorfbewohner durch Aufhetzung und mit Unterstützung von Nikiforos II. (500 Mann Fußvolk und 40 Reiter, die mit Schleudern und Bögen kämpften) gegen Gratiano Tsortzi auflehnten, den (seit 1355) Herrscher von ganz Lefkada und der Festung Agias Mavras, der damit beschäftigt war, 1000 modia (alte griechische Maßeinheit) Weizen für den venezianischen Admiral Sorantso bereitzustellen, der Richtung Osten unterwegs war. Hierher kamen 1803 die Bauern aus Karya und verlangten von der Regierung der Ionischen Staaten für Respekt der Bürger der Stadt gegenüber den Bauern zu sorgen. Sie, die Sfakisani, waren die Ersten, die sich 1819 gegen die Engländer auflehnten und auch die restliche Bevölkerung von Lefkada aufwiegelten. Hier wurde 1935 die große blutige Versammlung der Winzer organisiert. Es ist also kein Zufall, dass der mutige und ungehorsame Alte, der Held des gleichnamigen beseelten Epos von Aristeles Valaoritis (und später des Theaterstückes von Nikos G. Katiforis), "Fotinos" ein waschechter Bürger von Sfakiotes ist; in dem Eops wie auch im Theaterstück spielen auch die Ereignisse eine Rolle, die von der Auflehnung gegen Gratiano Tsortzi inspiriert sind.

Wir sind in der Gemeinde Sfakiotes angekommen und erreichen auf der rechten Seite an den Hängen eines Hügels als erstes das Dorf **Spanochori**. Links, an der als Episkopos bekannten Stelle, befand sich bis 1697 der Bischofssitz und der des Erzbischofs (bis 1513) von Lefkada, da die Venezianer in ihrem Eifer, die Bevölkerung zum Katholizismus zu bekehren, ihn aus der Stadt verdrängt hatten. Wir folgen der Asphaltstraße und erreichen die Kreuzung, die von den Einheimischen Barakes genannt wird. Es ist von je her der belebteste Ort der Region, der sich heute in einen zentralen Platz mit Platanen, Grill-Restaurants und Cafés verwandelt hat. Wir fahren durch **Lasarata** hindurch und rechts, auf einer Anhöhe, liegt das Dorf Kavallos.

Der Platz von Karya

Agios Ioannis o Prodromos

Das Schild, welches den Ortseingang von **Asprogerakatos** kennzeichnet, befindet sich an der Stelle, den die Einheimischen Frya nennen. Der Ortsname ist eine Verhunzung des Wortes "Frear", der großen Quelle, die sich hier seit Jahrhunderten befindet und bis vor wenigen Jahren die Felder der Gemeindedörfer bewässerte. Der hiesige Platz mit seinen Cafés und Grill-Restaurants ist – wie die Barakes - ein belebter Treffpunkt der Sfakisani. Hier findet auch an Himmelfahrt der Jahrmarkt des Dorfes statt. An der Kreuzung, auf die wir wenige Meter entfernt treffen, befanden sich bis in die 30iger Jahre Haufen aus neben- und übereinander gestapelten Steinen, Spuren der letzten auf Lefkada stattfindenden Verbannung des Fluches, d. h. die Dorfbewohner warfen Steine an den Tatort eines Mordes.

An dieser Kreuzung biegen wir links ab in Richtung **Karya**. Die andere Abzweigung führt ins westliche Lefkada. **Pinakochori**, das letzte Dorf der Gemeinde Sfakiotes, befindet sich rechts auf dem Hügel und die Ebene von Karyas (eine äußerst fruchtbare Mulde) breitet sich vor uns aus. Die Straße führt weiter durch **Pigadisanos** (die Einheimischen verhunzen das Wort und sagen "Spiatsanos"), ein Dorf mit malerischen Häusern, das in der Vergangenheit berühmt für seine Maurer war. Kurz darauf gibt uns die Straße den Blick auf das amphitheater-ähnlich errichtete Dorf **Karya** frei, das an den Hängen des Berges liegt und eines der größten und ältesten Dörfer der Insel ist.

Karya ist ein wohlhabendes Dorf mit hervorragendem Klima, sauberen Straßen, schönen Häusern, Cafés, Geschäften und einem wunderbaren Dorfplatz mit riesigen, uralten Platanen. Von dort aus blickt man auf eine Ebene, die durch die unermüdliche Arbeit der Bewohner über Jahrhunderte hindurch in fruchtbares Land verwandelt wurde. Die Erzeugnisse (vor allem Hülsenfrüchte) sind berühmt für ihre gute Qualität. Die Schmuckstücke des Dorfes sind die zwei schönen Kirchen: Agios Spyridonas mit dem hübschen Glockenturm liegt auf dem Hauptplatz. Sie wurde Ende des 19. Jahrhunderts erbaut und hat eine schöne Ikonenmalerei. Die zweite Kirche, Agias Paraskevis, befindet sich im oberen Teil des Dorfes und wurde Anfang des 19. Jahrhunderts errichtet. Sie hat eine wunderschöne barocke Ikonenwand mit Holzskulpturen, ein Werk des berühmten P. Prosalenti. Wenn man sich am 11. August in diesem Dorf befindet, so ist das ein wahrer Glücksfall, denn die Kirche Agios Spyridonas feiert Namenstag und in jedem Jahr findet aus diesem Anlass der Jahrmarkt statt. Dann wird unter genauester Einhaltung der Traditionen die "levkadische Hochzeit" gefeiert, ein kulturelles Ereignis, das vor Jahrzehnten eingeführt wurde und mit großem Respekt die Traditionen der Hochzeitszeremonien vergangener Jahrhunderte würdigt.

Oben: Das Dorf Karya

Unten: Das Dorf Exantheia

Das Dorf ist in ganz Griechenland aber auch in manchen Ländern im Ausland für seine Webereien mit den schönen Motiven bekannt, vor allem aber für seine berühmten "Karsaniko Stickereien", also kunstvoll Stickereien, die in der Technik des bekannten "Karsaniki-Stichs" angefertigt werden.

An den Hängen der Ebene liegt mitten im Grünen auf einem wunderschönen Platz das Kloster **Agios Ioannis tou Prodromos**, bekannt auch als *Ai Giannis sto Livadi*. Es wurde 1605 gegründet und erreichte seine größte Blüte zu Anfang des 19. Jahrhunderts. Zu dieser Zeit war es das wohlhabendste und volkreichste Kloster der Insel. Es hat bedeutende Wandmalereien aus der Mitte des 18. Jahrhunderts, von denen einige Werke von dem bekannten Tomaso Tsen stammen. Heute ist es geschlossen, befindet sich aber in so schöner und idyllischer Umgebung und fügt sich auch so vollkommen in diese ein, dass man für einen Besuch mehr als entschädigt wird. Im Innern liegt das Grab des Armatolos (bewaffneter Grieche während der Türkenherrschaft) Simos Bouas-Grivas.

Wir erreichen das Ende des Dorfes und folgen dem Hinweisschild, welches uns rechts zum Luftfahrts-Stützpunkt führt und setzen so unseren Ausflug fort. Unser Weg führt uns am **Museum Maria Stavraka i Koutsocheros** vorbei, einer berühmten Stickerin und Künstlerin der bekannten Karsaniko Stickereien.

Auf dem Weg zum Luftfahrts-Stützpunkt ist die Straße nicht besonders gut ausgebaut, ohne dabei jedoch für uns oder das Auto gefährlich zu sein. Auf der rechten Seite genießen wir den Ausblick auf den Golf von Lygia, Akarnania, die Stadt Lefkada, Preveza und die Berge des Epirus in der Ferne.

Wir kommen am Hinweisschild der **Kirche Agios Konstantinos** auf der rechten Seite vorbei, und wenn Sie mögen, parken Sie Ihren Wagen und gehen zu Fuß zur schönen Dorfkirche. Wenn Sie sich dazu entschlossen haben, die Kirche zu besuchen, werden Sie auf Ihrem Weg links ein eisernes Kreuz am Anfang eines kleinen Pfades entdecken, der nur provisorisch mit Draht versperrt ist und den Sie leicht überwinden können. Wir folgen dem schmalen, abwärts führenden Pfad durch Zypressen und erreichen dann die kleine Kirche, von der aus man einen herrlichen Blick auf die Ebene von Karya hat.

Die Hochebene von Enklouvi

Linsenfeld

Die Hochebene von Enklouvi

Voltos in der Hochebene

Das Dorf Enklouvi

Immer noch unterwegs in Richtung des Luftfahrts-Stützpunktes, bietet sich auf der linken Seite der Blick auf den Golf von Vlychos. Wenige Meter oberhalb führt uns die rechts liegende Asphaltstraße in den westlichen Teil der Insel. Wenn wir für kurze Zeit unser eigentliches Ziel aus den Augen lassen und uns entschließen, dieser Straße zu folgen, tauchen wir ein in üppige Natur mit zahlreichen Weinreben und Steinmauern. Weiter unten kann man die Dörfer Chortata und Kalamitsi sowie das tiefblaue Ionische Meer in der Ferne sehen. Zehn Minuten nach diesem kleinen Umweg erreichen wir das schöne Dorf **Exantheias**. Die Bewohner sind berühmt für Ihren Fleiß und gehören zu den gastfreundlichsten und höflichsten Einwohnern von Lefkada. Außerdem sind sie hervorragende Weinbauern und tüchtige Händler.

Wenige Meter nach der Kreuzung sehen wir die Radarantennen auf dem Berg. Mittlerweile befinden wir uns auf militärischem Gelände. Der Militärstützpunkt liegt in einer Ebene, die Radare auf einer Anhöhe und der (nicht mehr benutzte) Wachturm am Rande. Wenn wir Glück haben, tauchen Hasen und Füchse vor uns auf und begleiten uns kurz auf unserem Wege... Ein kleines Hinweisschild rechts leitet uns auf dem aufwärts führenden Feldweg zur kleinen weißen **Kirche Ai Lia**, die auf einer Höhe von 1.012 Metern über die umliegende Region wacht. Den phantastischen Ausblick sollten Sie nicht verpassen.

Wir halten uns rechts und nach wenigen Kilometern haben wir die schöne kleine Kirche **Agios Donatos** auf der Hochebene Enklouvis erreicht, mit ihren vielen Brunnen und den Voltous. Die Voltoi sind kunstvolle Unterstände aus Natursteinen, in denen die Bauern und Hirten bis vor wenigen Jahren Schutz fanden.
In der Ebene befinden sich auch die Überreste eines großen Turmes aus vorrömischer Zeit, von dem der Überlieferung zufolge der Bischof Donatos während einer Christenverfolgung gestürzt bzw. hingerichtet wurde. Auf den umliegenden Feldern werden Weinberge kultiviert aber vor allem die berühmten Linsen Enklouvi angebaut, die auf vielen landwirtschaftlichen Ausstellungen ausgezeichnet wurden. Am 7. August findet am Namenstag des Agios Donatos der große Jahrmarkt der Region statt, an dem übrigens auch die Linse "feiert", die gerade geerntet wurde. Die Hausfrauen kochen die Linsen dort in der Ebene nach traditionellen Rezepten in großen Kessel und bieten sie zusammen mit Oliven und gesalzenen Sardellen den zahlreichen Besuchern an.

Das Kloster Asomatos

Um unseren Weg zum **Kloster Asomatos** fortzusetzen (s. auch alternativer Ausflug weiter unter), biegen wir links ab und folgen dem Hinweisschild in Richtung **Enklouvi**.

Die gewundene Straße ermöglicht uns einen Blick auf das Dorf von oben. Es ist sehr malerisch mit wunderschönen Bauernhäusern inmitten üppiger Vegetation. Es handelt sich um das gebirgigste und älteste Dorf der Insel. Die wenigen, überwiegend älteren Einwohner, die hier ihren ständigen Wohnsitz haben, beschäftigen sich noch immer mit der Landwirtschaft, vor allem mit dem Weinanbau und den berühmten Linsen von Enklouvi. Die umliegenden Hügel sind mit Felsstein-Unterständen geschmückt, die von der arbeitenden Bevölkerung errichtet wurden, um auch das kleinste Fleckchen Erde zum Anbau zu nutzen.
Im Dorf biegen wir links ab, lassen die Kirche Ai Georgi hinter uns, verlassen Enklouvi und fahren weiter in Richtung des **Kloster Asomatos**. Die Straße geht in einen Feldweg über, der durch die wunderschöne wilde Natur der Region führt. Selten wird Ihnen ein anderes Fahrzeug begegnen. Die Straße gehört also uns und wir können uns der Beobachtung der Natur widmen. Nach einigen Kilometern dürfen wir auf der rechten Seite der Straße die uralte, Efeu-umrankte Klostermauer nicht verpassen, welche das wunderschöne Kloster Asomato schützend umgibt. Ich empfehle es Ihnen als das schönste Kloster der Insel, welches dem Asomato Michail gewidmet ist. Es muss im 16. Jahrhundert gegründet worden sein und erlebte seine größte Blütezeit während des 18. Jahrhunderts, besaß ein großes Vermögen, Ländereien und Vieh. In den Ruinen, die sich rund um das Kirchenschiff befinden, kann man Überreste von Zellen, Besucher-Zimmern, Vorratsräumen und Ställen erkennen, die den einstigen Reichtum des Klosters belegen.
Das Kirchenschiff hat zwei Lagen von Wandmalereien, die vom Ende des 16. Jahrhunderts bis Anfang des 17. Jahrhunderts entstanden sind, deren größter Teil heute mit Holz verkleidet ist. Sehenswert sind auch die Steinskulpturen der Volkskunst, die sich über dem Eingang der Kirche befinden und zwei Gesichter darstellen.

Auf dem Weg nach Chortata

Der abwärts führende Feldweg führt uns in das Dorf Vavkeri, ein dicht bewachsenes, wasserreiches Dorf. Die Pflanzenvielfalt ist riesig. Platanen, Mandelbäume, Olivenbäume, Obstbäume, aber auch Eichen (Roteichen), Zwergeichen u. a. schmücken dieses Dorf mit den wenigen ständigen Einwohnern, das einen Besuch lohnt, um die Ruhe, die Schönheit des Ortes und - im Sommer- die Kühle zu genießen. Wenn Sie sich zur Mittagszeit in Vavkeri befinden und Lust auf gut gegrilltes Fleisch haben, sollten Sie in der Taverne des Dorfes eine Pause einlegen.

Von Vavkeri fahren Sie abwärts nach Nydri. Die Straße ist gewunden und gewährt uns einen Blick auf den Golf von Vlychos. Vor allem früh morgens ist diese Strecke sehr idyllisch mit der überwältigenden Magie des Sonnenaufgangs und abends mit dem Mond, der den Golf mit seinem silbernen Schein beleuchtet.

Alternative Strecke (auf der Karte grün gekennzeichnet):
Agios Donatos – Chortata (oder Manasi-Nikoli) – Agios Petros – Süd- oder West-Lefkada

Wir folgen dem kleinen Hinweisschild, welches uns nach Chortata führt.
Die Strecke geht über wenige Kilometer Feldweg und ist ausnehmend malerisch. Wenn die Asphaltstraße beginnt, bringt uns nach etwa 700 Metern rechts ein Umweg nach Chortata (Achtung, es gibt kein Hinweisschild) während die Straße ins Dorf Manasi, Nikoli führt.

Dieser Ausflug kann mit den Touren 3, 4, oder 7 kombiniert werden.

Β

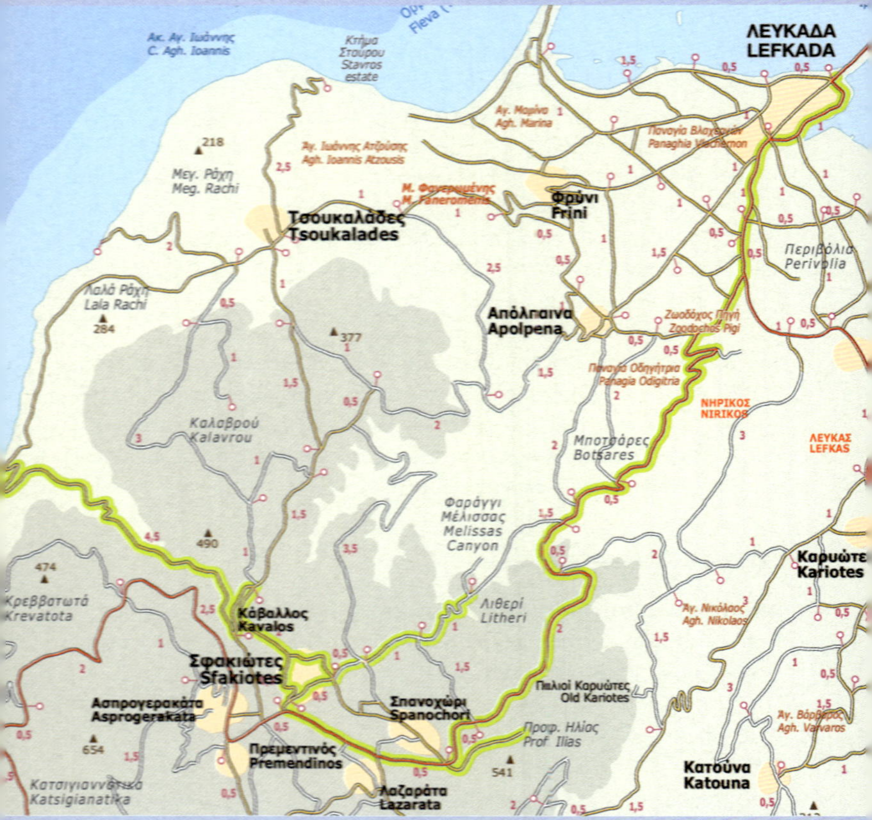

Ακ. Αγ. Ιωάννης
C. Agh. Ioannis
Κτήμα
Σταύρου
Stavros
estate
ΛΕΥΚΑΔΑ
LEFKADA
Αγ. Μαρίνα
Agh. Marina
Αγ. Ιωάννης Ατζούσης
Agh. Ioannis Atzousis
Μεγ. Ράχη
Meg. Rachi
Μ. Φανερωμένης
M. Faneromenis
Φρύνι
Frini
Τσουκαλάδες
Tsoukalades
Περιβόλια
Perivolia
Λαλά Ράχη
Lala Rachi
Απόλπαινα
Apolpena
Ζωοδόχος Πηγή
Zoodochos Pigi
Παναγία Οδηγήτρια
Panagia Odigitria
ΝΗΡΙΚΟΣ
NIRIKOS
ΛΕΥΚΑΣ
LEFKAS
Καλαβρού
Kalavrou
Μποτσάρες
Botsares
Φαράγγι
Μέλισσας
Melissas
Canyon
Καρυώτε
Kariotes
Κρεββατωτά
Krevatota
Κάβαλλος
Kavalos
Λιθερί
Litheri
Αγ. Νικόλαος
Agh. Nikolaos
Σφακιώτες
Sfakiotes
Ασπρογερακάτα
Asprogerakata
Σπανοχώρι
Spanochori
Παλιοί Καρυώτες
Old Kariotes
Προφ. Ηλίας
Prof. Ilias
Πρεμεντινός
Premendinos
Κατσιγιαννάτικα
Katsigianatika
Λαζαράτα
Lazarata
Κατούνα
Katouna

|< >| = 1.000 m

TOUR 6

Nördliches Hinterland

Lefkada – Sehenswürdigkeiten von Sfakiotes – Melissa-Schlucht – Kavalos – Langada- Pevkoulia – Lefkada

Wir setzen die von uns empfohlenen Ausflüge in der Gemeinde Sfakiotes fort und dringen weiter ins Hinterland vor. Um einen Ort kennen zu lernen, muss man sich "bücken" und in ihn "hineinhören". Man muss mit den Einheimischen reden, mit ihnen im Kafeneion sitzen und ihren Geschichten zuhören. So erfährt man von den schönen Orten, die vom Massentourismus noch unberührt geblieben sind.

Der Landschaft, in der sich diese Dörfer befinden, ist wirklich einmalig und das Land von besonderer Fruchtbarkeit. Allen, die gerne wandern, eröffnet sich hier eine Vielzahl von Pfaden, die zu Plätzen mit wunderschöner Aussicht und von wilder Schönheit führen. Einige davon werden wir Ihnen hier vorstellen.
Kurz bevor wir idas Dorf Lasarata erreichen, leitet uns rechts ein Hinweisschild zu dem Hügel, auf dem sich die Kirche des Profitis Illias befindet. Von hier aus hat man einen ungehinderten Blick auf die Dörfer der Gemeinde Sfakiotes bis nach Lefkada. Der Pfad, der sich unterhalb des Glockenturms befindet, führt alle Interessierten in die Dörfer **Spanochori** und **Lasarata**. Wenn wir uns in Richtung des Hügels aufmachen, der hinter der Kirche liegt, entdecken wir nach wenigen Metern einen Pfad zu unserer Linken. Die nicht ganz so trainierten Wanderer und die Raucher werden etwas Mühe haben, aber es lohnt sich auf jeden Fall (die Strecke kann in 10 - 15 Minuten bewältigt werden), denn hier eröffnet sich Ihnen eine andere Seite der Insel mit phantastischem Blick und einem wahren Schmuckstück von Kirche, die **Agios Stefanos** Kirche, die in einer Felsenvertiefung erbaut wurde. Selbst die meisten Einwohner, vielleicht mit Ausnahme einiger Älterer, kennen diese Kirche nicht.

Die Gemeinde Sfakiotes – der Blick von der Kirche Agios Stefanos

Die Gemeinde Sfakiotes – der Blick von der Kirche Profiti Ilia

Wir kehren auf die Hauptstraße zurück und fahren geradeaus weiter zum Dorf Kavalos. Am nächsten Hinweisschild halten wir uns rechts. Nach kurzem sehen wir links eine Straße, die ins Zentrum des Dorfes führt, aber wir fahren weiter geradeaus an den Rand des Dorfes. Kurz nach unserer Ausfahrt aus dem Dorf sehen wir links eine leicht ansteigende Straße, die uns fast sofort auf eine freie Fläche führt, wo sich die Dorfkirche Pantokratora befindet. Dies ist eine private Kirche, die ein antikes griechisches Eingangsportal hat. Eine daneben stehende Eiche wurde zum Glockenturm umfunktioniert. Die kleine Kirche feiert am 6. August, dem Sotiros, Namenstag. In der Nähe befindet sich die verlassene, aber besonders eindrucksvolle Windmühle des Kospetou.

Zurück auf der Straße lohnt es sich, etwas die Straße abwärts zu fahren und rechts nach kurzer Entfernung einen kleinen Stopp einzulegen, um die Brunnen des Stenofrya zu besichtigen, die früher das Dorf bewässerten. Interessant sind die "Skulpturen" an den Brunnenrändern, die von den Seilen stammen. Wir setzen unseren Weg fort zur **Melissa-Schlucht**, der imposanten Hauptsehenswürdigkeit der Region. Wenn Sie mit dem Auto unterwegs sind, achten Sie auf den Kilometerstand, denn wenn Sie etwa 1300 Meter zurückgelegt haben, sehen Sie einen Steinunterstand zu Ihrer rechten. Wenige Meter weiter unten beginnt links ein Feldweg, der zur Schlucht führt. Diese Hinweise sind notwendig, da es zurzeit noch keine Hinweisschilder gibt. Die Gemeinde Sfaktiotes hat damit begonnen, die alten Pfade der Schlucht wieder herzustellen, damit sie Besuchern zugänglich gemacht werden kann. Ein Teilstück ist bereits fertig gestellt worden; beispielhaft ist die Art und Weise, wie der Naturschutz hierbei berücksichtigt wurde.

Die Mühle von Kospetos

Auf dem Weg nach Agios Stefanos

Der Wallfahrtsort von Agios Stefanos

Der Brunnen in Stenofrya

Der zur Schlucht führende Feldweg ist begehbar, bedarf aber Ihrer Aufmerksamkeit. Dieser Weg ruft das Gefühl hervor, unberührtes Gebiet zu betreten. Charakteristisch ist eine besondere Fauna, die sich durch den Gesang der Vögel und dem Quaken der Frösche bemerkbar macht. Auf einer Informationstafel der Gemeinde heißt es: "An den steilen Felswänden nisten Raubvögel wie Adler, Habicht, Wildtaube, Turmfalke, Kuckuck, Eule und Wiedehopf und es gibt auch zahlreiche Marder, Füchse, Dachse, Wiesel, Igel, Kreuzottern, Schnepfen, Turteltauben, Amseln und Rebhühner. Die reiche Pflanzenwelt ist vertreten durch Platanen, Silberpappeln, Weiden, Lorbeerbäume, Tamarisken, Erlen, Fichten, Zypressen, Eichen, Zwergeichen, Brombeersträucher, Wildrosen, wilde Birnenbäume , wilde Judasbäume (Palästinabäume), Myrte, gelbe Wachsblumen, Mastixbäume, wilde Pistazienbäume (Terpetin-Pistazienbäume), Sandbeerbäume, wilde Ölbäume, Korbweiden, Dornenbüsche, Ginster, Schmerwurz und Strauchnesseln. Außerdem gibt es viele Gärten sowie Feigen- und Birnenbäume. Die Länge der Schlucht beträgt zwei (2) Kilometer, wofür man ungefähr eine halbe Stunde veranschlagen sollte."

Der erste Halt ist die Quelle in der Höhle. Weiter unten befinden sich kleine Brückenbögen oder flache alte Wassermühlen sowie andere ähnliche Bauten, die belegen, dass dies früher ein viel genutzter Ort der Bewohner der Region war. Es existieren Hinweise über diese Bauten in Erlassen von Volteros Bryenios, welche 1355 veröffentlich wurden. Kurz danach befinden wir uns an einer nach oben offenen Stelle. An diesem Punkt treffen drei Gießbäche aufeinander und markieren den Anfang der Schlucht.

Die Gemeinde Sfakiotes - Die Lichtung in der Melissa-Schlucht

In der Melissa-Schlucht

Alte Wassermühle in der Nähe der Schlucht

Wieder zurück auf der Asphaltstraße biegen wir rechts ab in Richtung des Dorfes **Kavalos**. Wir schlagen Ihnen hier eine Erholungspause auf dem kleinen Dorfplatz mit den zwei traditionellen Cafés vor. In einem dieser Cafés befindet sich übrigens auch der "Frisierstuhl" – und zwar nicht aus dekorativen Gründen – der in ständiger Benutzung ist – nur für den Fall, dass Sie interessiert sein sollten. Man hat hier unweigerlich den Eindruck, als sei die Zeit in einer alten und besseren Welt stehen geblieben. Wenn Sie dies verstehen und respektieren können, verbringen Sie sicherlich eine gute Zeit. Die Einheimischen sind immer an einem ehrlichen Dialog interessiert. Wenn Sie sich in diesem Dorf nicht später als 12 Uhr mittags befinden, haben Sie die einmalige Gelegenheit, die exzellenten mesedakia (Vorspeisen) des Kyr-Vangeli (Herrn Vangeli) zu probieren, welche zur allgemeinen Begeisterung beitragen.

Das Volkskunstmuseum der Gemeinde Sfakiotes in Kavalo

Herr Vangelis

... und seine Frau Kalomira

Herr Vangelis ist weit über 80 Jahre alt, aber äußerst vital. Er ist sozusagen der "Chef" des Dorfes, der Metzger und am Sonntag der Grillmeister.

Kavalos befindet sich im Vergleich zu den anderen Dörfern der Gemeinde Sfakiotes an einer sehr vorteilhaften Stelle. Der Grund besteht darin, dass es auf dem Gipfel eines Hügels liegt und einen Panoramablick bietet. Ein Bummel durch die Straßen des traditionellen Dorfes ist sehr interessant. Lohnenswert ist ein Besuch der Windmühle des Dorfes, die vor kurzem renoviert wurde, der Kirchen Agias Ekaterinis und Agios Nikolaos, in der sich herausragende Heiligenmalereien von Spyros Gazi sowie eine Ikonenwand von P. Prosalendi befinden. Auch sollten Sie einen Besuch im hervorragend strukturierten Volkskunde-Museum nicht verpassen, welches in einem schönen Gebäude in idyllischer Umgebung untergebracht ist.

Wir setzen unseren Weg fort und nachdem wir die Schlucht passiert haben, ereichen wir die Strände des westlichen Lefkadas. Wir fahren die Straße von Kavalos hinunter und folgen der Hauptstraße in Richtung Lefkada Stadt. Nach kurzer Zeit sehen wir an dem Platz Frya das Hinweisschild nach Agios Nikitas. Die Strecke führt durch üppig grüne Natur und ist sehr malerisch. Am Ende dieser Tour landen wir an einem der schönsten Strände von Lefkada, in Pevkolia. Ein Stück weiter liegen die Strände von Agios Nikita und des Kathisma. Je nach Ihrem Geschmack suchen Sie sich einen dieser Strände zum Baden aus oder folgen der Straße zurück nach Lefkada.

Sonnenuntergang in Langada

B

Κομηλιό
Komilio
Χορτάτα
Chortata
Άγ. Θεόδωροι
Agh. Theodori
Όρος Ελάτη
Mt. Elati
Μανάσι
Manasi
Άγιος Ηλίας
Agh. Ilias
Νικολής
Nikolis
Άλατρο
Alatro
Χαραδιάτικα
Haradiatika
Νεοχώρι
Neochori
Νυδρί
Nidri
Παλαιοκατούνα
Paleokatouna
Στενό
Steno
Γένι
Geni
Βλυχό
Vlicho
Όρμ. Βλυχού
Vlicho Bay
Σύβρος
Sivros
Σπήλαιο Καρούχα
Karoucha Cave
Βουρνικάς
Vournikas
Αγ. Πέτρος
Agh. Petros
Κατωχώρι
Katochori
Φτερνό
Fterno
Πόρος
Poros
Μικρός Γιαλός
Mikros Gialos
Πόντη
Ponti
Βασιλική
Vasiliki
Κοντάραινα
Kondarena
Μαραντοχώρι
Marandochori
Σύβοτα
Sivota
Εύγηρος
Efgiros
Perigiali
Όρμ. Ρούδα
Rouda Bay
Όρμ. Βασιλικής
Vasiliki Bay
Όρμ. Αφτέλη (Σύβολα)
Afteli (Sivola) Bay
Όρμ. Συβοτάκη
Sivotakia Bay

|< >| = 1.000 m

TOUR 7

Südliches Lefkada

Nydri – Syvros – Agios Ioannis in Rodaki – Nikoli – Agios Vasilios – Manasi – Agios Petros – Vassiliki – Agiofylli (zum Baden) – Marantochori – Ammouso (zum Baden) – Evgiros.

Diese Tour beinhaltet gebirgige als auch Strandregionen und lässt uns die Schönheiten des südlichen Lefkadas entdecken. Eine Region mit reicher Vegetation, vielen Quellen, Schluchten und Höhlen. Hier kann man herrlich wandern oder auch Fahrrad fahren.

Von Nydri aus halten wir uns südlich. Nach etwa 8 Kilometern sehen Sie ein Hinweisschild nach **Syvros**. Das Dorf Syvros ist ein schönes altes Dorf, sehr wasserreich mit üppiger Pflanzenwelt, das uns die Möglichkeit zu interessanten Wanderungen gibt. Besuchen Sie die **Kerasias-Quellen**, die versteckt unter riesigen Platanen und Efeu liegen. Libellen und Nachtigallen werden Sie in dieser schönen Landschaft willkommen heißen, in der das Wasser plätschernd aus den Quellen sprudelt und den Efeu umspült. Von Interesse ist außerdem die **Karoucha-Höhle**.
Weiter geht es von Syvros in das Dorf **Vournika**. Nach wenigen Kilometern leitet uns ein Hinweisschild rechts zum Kloster **Agios Ionassis sto Rodaki**, eines der interessantesten Klöster der Insel und mit phantastischer Aussicht. Man sieht die Ebene von Vasiliki und die Gebirgskette Agios Petros. Es muss 1654 von dem Ordensgeistlichen Mitrofanis Chamosfakidis an der Stelle eines dorischen Tempels, welches der Göttin Dimitra gewidmet war, erbaut worden sein. Dies ist einer der Fälle, wo sich die Götzenanbetung mit der christlichen Architektur vereinte und zu einem interessanten, harmonischen Ergebnis führte. Der heilige Altar steht z. B. auf einem Kapitell des antiken Tempels, im Hof kann man dorische Kapitelle und einen Teil des gepflasterten Bodens erkennen. Die Kirche teilt die Anschauung (wahrscheinlich aufgrund der Verbindung zu Dimitra, der Göttin der Fruchtbarkeit), dass jedes hier betende kinderlose Paar, mit einem Kind gesegnet werden würde.

Wir kehren nach Vournika zurück und wenn wir das Dorf erreicht haben, treffen wir auf die älteste Kirche aus byzantinischer Zeit, die sich auf Lefkada befindet, die Kirche Agios Ioannis tou Prodromos. Die Gestalt eines unbekannten Heiligen, die sich an der nördlichen Wand der Kirche befindet, wird auf das Ende des 11. oder Anfang des 12. Jahrhunderts zurückdatiert. Die anderen Wandmalereien mit Einflüssen der kretischen Schule sind später während des 17. Jahrhunderts entstanden.

Das Kloster Agios Ioannis in Rodaki

Syvros – die Kerasia-Quellen

Dem Verlauf der Hauptstraße folgend, fahren wir wieder in Richtung Syvros. Wir lassen das Dorf hinter uns und fahren weiter nach Vassiliki. Wenige Kilometer weiter biegen wir rechts ab zu den Dörfern Nikoli, Agios Vasilios und Manasi. Die Nachbarschaft dieser Dörfer hießen bis vor wenigen Jahrzehnten bei der übrigen Bevölkerung der Insel "Vereinigte Staaten", da sie aufgrund ihrer Lage sehr arm und rückständig waren. Heute scheint es, als hätte sie die Zeit entschädigt und so findet sich der Besucher in einer unberührten, intakten und natürlichen Umgebung wieder. Unser Weg ist voller Farben und Düfte, da uns nur selten ein Auto begegnet. Auf der linken Seite in der Schlucht liegen mitten in der orgiastischen Üppigkeit der Region schöne, verlassene Steinhäuser, ganz so, um die Magie der Region noch zu unterstreichen.

Wir fahren nacheinander durch die Dörfer der "Vereinten Staaten" und kommen in Chortata auf die Hauptstraße des westlichen Lefkadas. Hier fahren wir in südliche Richtung weiter (wir biegen links ab) zu den Dörfern **Agios Petros und Vassiliki**. Agios Petros liegt etwa 10 Kilometer entfernt und ist eines der großen Gebirgsdörfer des südlichen Lefkada. Erbaut auf den Hängen eines Hügels ist es nicht besonders reizvoll, bietet aber eine schöne Aussicht auf den Golf von Vassilki und gewährt dem Besucher einen Einblick in das frühere Leben der Dorfbewohner der Insel, ihre Beschäftigung mit der Landwirtschaft und ihren ländlichen Lebensstil, der hier bis zu einem gewissen Grade fortgesetzt wird.

Nachdem wir das Dorf **Ponti** hinter uns gelassen haben, einem oberhalb des Golfes von Vassiliki erbauten Dorfes mit phantastischer Aussicht, erreichen wir das dritte touristische Ferienzentrum der Insel, Vassiliki (die beiden anderen sind Nydri und Agios Nikitas).

Vassiliki ist das Hauptdorf des südlichen Lefkada, und wurde von den Einwohnern der umliegenden Bergdörfer besiedelt. Hier befindet sich auch der Haupthafen der Region. Malerisch, direkt am Meer gelegen und mit Einwohnern, die sich früher mit der Bestellung der fruchtbaren Wiesen (und die vor allem Öl, Wein und Trauben produzierten) und dem Handel beschäftigten. Es hatte immer auch einen zivilisatorischen Vorsprung. Ab 1930 war es neben dem Hafen von Lefkada das bedeutendste Dorf der Insel, da es einen direkten Handel mit Weintrauben nach Europa (vor allem nach Italien) betrieb. Heute kann man von hier aus mit einer Fähre Ithaka und Kefalonia besuchen, oder (mit einem kleineren Boot) die schönen Strände der Region und das Kap Levkatas aufsuchen.

Die Bucht von Vassiliki

Die Ebene von Vassiliki

Vassiliki zieht die Touristen magnetisch an, denn seine Strände sind sehr sauber, das türkisfarbene Meer reicht fast bis zu den malerischen Häusern des Hafens, verfügt über gut organisierte Hotelanlagen und Pensionszimmer, Campingplätze, Tavernen und Nightclubs, aber vor allem hat es den Vorteil des ständigen kühlenden Windes, der es auch zu einem der besten Surf-Reviere der Welt macht. Hier können wir eine Pause einlegen um zu essen, zu schwimmen (es lohnt sich z. B. mit einem kleinen Boot zum herrlichen Strand Agiofyli zu fahren und dort zu baden) oder direkt am Meer einen Kaffee zu trinken. In der Ebene von Vassiliki wurden Ausgrabungen gemacht, die Hinweise auf die Existenz einer antiken Stadt geben.
Die Ebene von Vassiliki eignet sich auch hervorragend für Wanderungen und Fahrradtouren. Wir fahren weiter in die östliche Region und besuchen Marantochori, ein malerisches Dorf, welches in einer fruchtbaren Ebene errichtet wurde. In der Nähe des Dorfes befinden sich der See von Marantochori, ein bedeutendes Feuchtbiotop sowie ein schöner Strand, der **Ammouso**.

Der Strand Ammouso

Der Strand Afteli

Strand am Campingplatz

Der Strand Kastri

Etwas weiter nördlich, recht neben der Hauptstraße, die uns nach Lefkada zurückbringt, befindet sich in Hanglage ein weiteres hübsches Dorf, **Evgiros**. In einer Höhle südlich des Dorfes, der **Chirospilia** (Schweinehöhle), entdeckte Dörpfeld Überreste einer neolithischen Kultur sowie menschlichen Lebens, was ihn zu der Annahme leitete, dass sich hier die Ställe des Evmaios befunden hätten (durch seine Taten und die Bezeichnung "Schweinehöhlen").

Der Straße geradeaus durch das Dorf in Richtung Meer folgend, bietet sich uns ein herrlicher Blick auf die Ebene von Marantochori zu unserer Rechten und das Meer in der Ferne... Die abwärts führende Straße wird immer besser, geht in einen gut befahrbaren, kurvigen Feldweg über und endet an einer kleinen Bucht(Afteli) mit einem Haus, wo wir schwimmen können... Der Ort ist faszinierend und die Farbnuancen des Meeres zusammen mit der reichhaltigen Pflanzenwelt bieten uns eine ganz andere Atmosphäre, als die, die wir bisher auf der übrigen Insel genossen haben...

In Evgiro endet auch diese Tour. Von hier aus kommen wir wieder auf die Hauptstraße des östlichen Teils in Richtung Lefkada, fahren außen an Syvota, Poros, Nydri usw. vorbei. Der Rückweg ist ja mittlerweile bekannt...

Der Strand Agiofyli

Φυτιές
Fities
Βάλτοι
Vaults
Εγκλουβή
Englouvi
Βαυκερή
Vafkeri
Πιατέλια
Piatelia
Μανδρί
Mandri
Καταρράκτες
Water Falls
Φαγιάς
Fagias
Αγ. Δονάτος
Agh. Donatos
Αγ. Σωτήρα
Agh. Sotira
Αγ. Νικόλαος
Agh. Nikolaos
Βουνό
Vouno
Παλιόμυλος
Paliomilos
Λιβάδια
Livadia
Μ. Αγ. Ασωμάτων
M. Agh. Asomaton
Δημοσάρι
Dimosari
Ράχη
Rachi
Καλοκαιρινό
Kalokerino
Μνημάτι
Mnimati
Αγ. Βλάσιος
Agh. Vlasios
Κολώνι
Koloni
Νεοχώρι
Neochori
Όρος Ελάτη
Mt Elati
Μεγάλο Αυλάκι
Megalo Avlaki
Αλευράτα
Alevrata
Παλαιοκατούνα
Paleokatouna
Πολεμικό
Polemiko
Τυμβοί
Early Bronze Age Tumuli
Στενό
Steno
Πρίνος
Prinos
Άγιος Ηλίας
Agh. Ilias
Άλατρο
Alatro
Αγ. Ιωάννης Πρόδρομος
Agh. Ioannis Prodromos
Αγ. Δημήτριος
Agh. Dimitrios
Χαραδιάτικα
Haradiatika
Ομαλή
Omali
Όρμ. Βλυχού
Vlicho Bay
Γένι
Geni
Βλυχό
Vlicho
Παλιά Αλώνια
Palia Alonia
Καλοκαιρινό
Kalokerino
Π. Βλυχού
B. Vlichou
Σπήλαιο Καρούχα
Karoycha Cave
Σύβρος
Sivros
Πηγές Κερασιάς
Kerasias Springs
Αγ. Ιωάννης Καραβιάδων
Agh. Ioannis Karaviadon
Π. Δεσίμι
B. Desimi
Φουρνί

|< >| = 1.000 m

ABENTEUER-TOUREN

Diese Touren bewegen sich abseits der sanften Landschaften mit ihren Olivenbäumen und Zypressen und präsentieren uns ein anderes Lefkada von wilder Schönheit. Wild-West-Eindrücke in Mondlandschaften und kahle Felsen wechseln sich mit Eichenwäldern und (im Winter) Sturzbächen oder Landschaften ab, auf die man in Südspanien trifft, mit verstreut liegenden Bäumen auf riesigen Feldern. Letztlich ist auch die Natur von Lefkada sehr reichhaltig. Die Touren, die wir in diesem Kapitel empfehlen, sind nur mit Jeep, Motorcross-Maschine oder Mountainbike zu bewältigen, aber selbstverständlich auch zu Fuß.

TOUR P1

Zentrales Hinterland

Hochebene von Enklouvi – Agios Donatos – Ai Lias – Alatro – Charadiatika – Nydri

Schon von der Hochebene an beginnt sich die Landschaft zu verändern. Auf der einen Seite die Weinreben und die vielfarbigen Felder mit den "Gottgeschaffenen" Voltous, runden Unterständen aus Natursteinen, auf der anderen "Mondkrater" und seltsame geologische Formationen. Hier bietet sich ein Spaziergang über die Hochebene und die umliegenden Hügeln mit ihren Feldwegen, die zu den Linsenfeldern und Weinstöcken führen, an. Anschließend setzen wir unseren Weg fort, kommen an der kleinen Kirche Agios Donatos vorbei und erreichen ein Hinweisschild mit dem Ortnamen Chortata. An der nächsten Abzweigung biegen wir links ab in Richtung des Dorfes Ai Lias. Die Linsenfelder, die unermüdlich von fleißigen Bauern bestellt werden, begleiten uns noch ein Stück bis sich die Landschaft ganz allmählich verändert. Wir klettern die kahlen Berge hinauf, fahren über die Berggipfel des Stavrota (Stavrota ist die zentrale Gebirgskette der Insel) und erreichen die Anlage der OTE (staatliche Telefongesellschaft).

An dem Hinweisschild, welches die Grenze der Gemeinde Apollonion markiert, biegen wir rechts in einen Feldweg ab und fahren Richtung Süden weiter. Hier beginnt ein etwa 6 Kilometer langer, schwer befahrbarer Feldweg, der uns nach Agios Ilias bringt. Wir kommen links an der Kapelle Agias Paraskevis vorbei und wenige Meter später erreichen wir das Dorf. Es hat sich seinen ursprünglichen Charakter erhalten und ist eines der wenigen, dessen Einwohner sich mit traditioneller Landwirtschaft beschäftigen. Man hat einen hervorragenden Ausblick auf die Ebene und den Hafen von Vassiliki und bei klarer Sicht kann man am Horizont auch Ithaka sehen.

Die Hochebene von Enklouvi

Die Kirche Agia Paraskevi

Der Blick von Alatro aus

Auf dem Dorfplatz mit der Kirche Agios Athanasios sehen wir ein Hinweisschild zu den Dörfern **Alatro Charadiatika und Nydri**. Vergewissern Sie sich, welche kleine Straße Sie nehmen müssen, um das nächste Ziel, das Dorf Alatro, zu erreichen. Die ungefähre Richtung ist geradeaus und rechts. Der Weg führt an einer halb verfallenen steinernen Mühle hindurch und an der nächsten Kreuzung biegen wir rechts ab wie auch an der folgenden (vor uns liegt der Golf von Vlychos), halten uns stets rechts und fahren bergab. Nach wenigen Kilometern erreichen wir **Alatro**. Es ist eines der ältesten Dörfer der Insel und hatte eine große Blütezeit, wahrscheinlich während der Jahre der türkischen Herrschaft. Heute hat es noch ganze 15 Einwohner, überwiegend ältere Menschen.

Die Vegetation ist geradezu orgiastisch: Platanen, Eichen, Mandelbäume und alle Arten von Wildblumen schmücken das abgelegene kleine Dorf, eingehüllt in die friedliche Stille, die nur vom Plätschern der vielen kleinen Bäche unterbrochen wird... Bei der Ausfahrt aus dem Dorf lohnt ein Besuch der kleinen Kirche Ai Giannis auf dem Hügel mit seinen Wandmalereien und dem herrlichen Ausblick. Die Kirche stammt aus dem 18. Jahrhundert.

Die Asphaltstraße führt uns bergab zum nächsten Dorf, nach Charadiatika und gleichzeitig erreichen wir das Ende unserer Tour. Viele Einwohner von Alatro sind in den letzten Jahren nach Charadiatika gezogen. Wir können hier eine Rast einlegen und die berühmten Grillspezialitäten des Dorfes genießen. Nachdem wir gegessen und uns ausgeruht haben, treten wir den Rückweg an. Wir folgen der Asphaltstraße bergab und treffen nach wenigen Kilometern auf die Hauptstraße des östlichen Lefkada. Hier biegen wir links ab in Richtung Nydri.

Der nach Lefkada führende Weg ist ja mittlerweile bekannt...

Der Blick von den Skari Hügeln

|< >| = 1.000 m

TOUR P2

Östliches Hinterland

Nikiana – Hügel der Skari – Kloster der roten Kirche – Perigiali

Wenige Kilometer nach der Einsiedelei der Heiligen Väter, die wir bei der Tour 1 beschrieben haben, erreichen wir den nächsten Punkt unserer Rundfahrt. Da es hier keine Kennzeichnung gibt, achten Sie auf die Fotografie, auf der die Umleitung nach links zu erkennen ist. Wenn Sie es trotzdem verpassen, finden Sie weiter unten ein Hinweisschild Agios Georgios Skaron. Kehren Sie dann einfach um und biegen in den ersten Weg rechts ab. Dies ist einer schönsten Punkte des Hinterlandes von Lefkada mit seltener Vegetation, einem Wald aus einer sehr raren Eichenart (Sikelianos in seinem Buch "Geisterseher": "Dasos olo dry stin korfi sou") mit eindrucksvollern geologischen Formationen. Wenn Sie am Ende des Weges den Gipfel erklommen haben, werden Sie mit einem phantastischen Blick auf die Inseln von Lefkada belohnt.

Diese Gegend mit ihrer wilden Schönheit eignet sich ideal für einen Spaziergang. An einem Punkt des Weges kommen Sie an eine hölzerne Pforte. Nein, Sie haben nicht den falschen Weg genommen! Öffnen Sie sie einfach und gehen Sie weiter. Ein Hirte hat sie angebracht, der weiter unten einen leider äußerst erbärmlichen Schafstall hat. Lassen Sie sich davon nicht stören. Auf dem Weg vom Gipfel zurück erkennen Sie links einen Feldweg, der zum Kloster der Roten Kirche führt (s. TOUR 1). Nach der Roten Kirche erreichen Sie die Hauptstraße und biegen links in Richtung Perigiali ab.

Links geht es zu den Skari Hügeln

Kastelas
Κοντογιάννη Ράχη
Kontogiani Rachi
Πανοχώρι
Panochori
Δράγανο
Dragano
Αγ. Ελεούσα
Agh. Eleousa
Καμπά
Kamba
Π. Γιαλού
B. Gialou
Ρουπακιάς
Roupakias
Παναγία
Panaghia
Αθάνι
Athani
Μέγας Λάκκος
Megas Lakos
Αγ. Πέτρος
Agh. Petros
Κρεμάσματα
Kremasmata
Πυργιοκάθι
Pirgiokathi
Κεφαλληνοί
Kefalini
Μέγα Βουνό
Mega Vouno
Κουφοπόδι
Koufopodi
Πυργί
Pirgi
Π. Εγκρεμνοί
B. Egremni
Πόντη
Ponti
Μαυρή
Mavri
Π. Βασιλικής
B. Vasilikis
Μελιός
Melios
Χρυσοβούνια
Chrisovounia
Βασιλική
Vasiliki
Μεροβίγκλι
Merovigli
Όρμ. Βασιλικής
Vasiliki Bay
Αργυρός
Argiros
Ακ. Τράχηλος
C. Trachilos
Καλό Όρος
Kalo Oros
Π. Πόρτο Κατσίκι
B. Porto Katsiki
Π. Αγιοφύλλι
B. Aghiofili
Άγ. Νικόλαος Νηρός
Agh. Nikolaos Niras
Ακ. Καστρί
C. Kastri
Μαραθιάς
Marathias
Λευκάτας
Lefkatas
Ν. ΣΙΔΗΡΑ
IS. SIDIRA
Ακ. Δουκάτο
C. Doukato
|< >| = 1.000 m

TOUR P3

Südwestliches Lefkada

Agios Petros – Kamba – Athani oder Mega Vouvo – Chrysovounia – Straße nach Lefkada.

Diese Tour erkundet im Grunde den südlichsten Teil von Lefkada, aber vom Berggipfel aus. Eigentlich ist es nicht eine Tour, sondern mehrere; es hängt von Ihnen ab, wie Sie diese miteinander verbinden. Dies ist eine der schwierigsten Touren, deshalb sollten Sie gut ausgeruht und ihr Fortbewegungsmittel in gutem Zustand sein. Die beste Zeit ist der Morgen oder der Nachmittag. Nach der Ausfahrt aus dem Dorf Agios Petros in nördliche Richtung sehen Sie nach 1500 Metern auf der linken Seite einen Feldweg, der aufwärts zum Berg führt. Als Markierung dient Ihnen das Hinweisschild Agia Eleousa.

Der Blick von der ansteigenden Straße auf die Bucht von Vassiliki und dem gegenüberliegenden Gipfel des Stavrota sind atemberaubend. Oben angekommen bietet sich Ihnen ein Panorama-Blick in alle Richtungen. Westlich erkennt man Dragano und Athani, südlich sind klar Ithaka und Kefalonia zu sehen. Ein Spaziergang hier oben ist lohnenswert, bevor wir unser letztes Ziel ansteuern. Die Gegend ist wirklich einzigartig und es gibt eine Vielzahl aromatischer Pflanzen, falls es Sie interessiert. Im Anschluss haben Sie die Wahl: Entweder Sie fahren weiter in Richtung Athani, oder Sie fahren über einen anderen, sehr malerischen Abzweig nach Agios Petros zurück oder fahren weiter in Richtung Süden, wo Sie auf die Straße nach Lefkada treffen. In letzterem Fall können Sie ihren Weg zum Kap oder dem Kloster Agios Nikolaos Niras oder nach Porto Katsiki, allerdings über einen außen herumführenden Weg, fortsetzen.

Berglandschaft

Der Weg nach Agios Petros

Der Weg nach Levkata

Der Weg nach Levkata

Der Blick vom Gipfel

Alte Tränke

Der Abzweig nach Levkata

Der Weg nach Athani

Der neue Feldweg nach Porto Katsiki

Der Abzweig nach Levkata

Die steinernen Bienenkörbe (links neben dem Kloster)

TOUR P4

(siehe Karte der TOUR P3)

Vassiliki – Ponti – Feldweg links – Straße nach Levkata – Porto Katsiki

Ein relativ neuer Landweg mit einer Länge von 4,7 Kilometern, der am Fuß des Berges gegenüber von Vassiliki angelegt wurde, ist mit dem Weg nach Levkata verbunden und verrringert die Entfernung von Vassiliki nach Porto Katsiki und dem Kap erheblich. Der Weg befindet sich links wenige Meter nach dem Ortsausgangsschild von Ponti.
Wenn Sie auf dem Weg nach Levkata sind, biegen Sie links ab. Nach etwa zwei Kilometern sehen Sie rechts einen Feldweg (1,8 km) der zum Gipfel des Berges führt. Auf seiner Rückseite befindet sich Porto Katsiki.

Wenn Sie dem anderen Abzweig folgen, können Sie das Kloster Agios Nikolaos besuchen, welches Anfang des 17. Jahrhunderts gegründet wurde. Die heute dort stehende Kirche ist allerdings neueren Ursprungs. Die Ikonenmalerei enthält u. a. Werke von Andreas Betzou und Dimitrios Foskari. In kurzer Entfernung vom Kloster können Sie links eine Besonderheit bestaunen: Versteinerte Bienenkörbe. Es heißt, dass sie von den früher hier lebenden Mönchen angefertigt wurden.

Der Blick vom Weg nach Porto Katsiki

Der Meeresfenchel

Italienische Strohblumen

DIE PFLANZENWELT VON LEFKADA

Von Ari Kokotsi

Lefkada wird die weiße Insel genannt, aber eigentlich ist sie üppig grün. Das ist der erste Eindruck, den man von Lefkada hat, denn von den Stränden bis zu den Gipfeln der Berge ist es mit einer reichen Pflanzenwelt ausgestattet.

An den westlichen Küsten der Insel, wo die Aleppo-Kiefern fast bis an den Strand wachsen, finden wir die Dünen-Trichternarzissen, eine seltene Narzissenart, die in anderen Ländern unter Naturschutz steht. Daneben gibt es **den Meeresfenchel**, eine fleischige, wohlriechende Pflanze, die zur Familie der Doldengewächse gehört und den man auf Kreta verwendet, um Toursi (sauer eingelegtes Gemüse) herzustellen. Außerdem wachsen hier zahlreiche Wolfsmilchgewächse. Weiter oben findet man zwischen dem Thymian die **italienische Strohblume**, eine antike Heil- und Kultpflanze, mit silbernem Stiel und den gelben Blüten, die nicht verwelken. Wenn man die Hänge der Hügel aufwärts geht, umgibt uns der Duft der Kiefern und Zypressen. In Athani vermischen sich Rosmarin, Thymian und Oleander mit Nadelbäumen und Olivenbäumen. Im Frühling von März bis Mai und Anfang Juni wechseln die Olivenhaine ständig ihre Farben. Zuerst schimmern sie violett von den wilden Geranien, später weiß durch die Margariten und die Kamillen. Eine Vielzahl der verschiedensten Blumen gibt dem ganzen einen eigenen besonderen Charakter: Wilde Gladiolen, wilde Nelken, blaue Borag-Gewächse und gelbe Strauchnesseln.

An den östlichen Berghängen, von denen aus wir Nydri, Skorpios und Vassiliki sehen können, überwiegt der Salbei mit seinem betörenden Duft. In den Mischchwäldern und den Schluchten von Lefkada drängen sich die Kermeseichen, Weißdorn, Zypressen und Judasbäume. In der Region von Drymonas und Chortata färben die Judasbäume durch ihre Blütenexplosionen im April die Hänge violett, bevor ihre Blätter anfangen zu wachsen. Daneben wachsen Manna-Eschen mit ihren weißen Blüten. Im Mai blüht auf den Feldern von Alexandros und Kolyvatas der Holunder, der mit seinen leuchtenden, unzähligen weißen Blüten an eine Braut erinnert. An den Seiten der Straßen finden wir Johanniskraut mit seinen kleinen gelben Sonnenblüten zusammen mit den kleinen weißen Blüten des wilden Knoblauchs und der wilden Karotte sowie rote Mohnblumen. Auf den Abhängen unter dem blühendem Pfriemen-Ginster und der großartigen Königskerze und den vielen Strauchnesseln wachsen die Zistrosen mit ihren violetten oder weißen Blüten, die einem ungebügeltem Hemd ähneln, der Oregano und der Ysop verbreiten ihren Duft.

In den Schluchten unterscheiden wir Lorbeerbäume und Erdbeerbäume. Bis Weihnachten haben sich die Erdbeerbäume mit schönen roten und gelben Früchten geschmückt. Wilde weiße Rosen ziehen die Blicke auf sich. In den kleinen Quellen von Akoni wächst das vielblättrige Frauenhaar zwischen den Felsen.

Zu Beginn des Frühlings wachsen auf den Anhöhen von Nikianas in Richtung Agios Pateres die blauen wilden Irise unter den Myrten, wilden Mastixbäumen und Terpentin-Pistazien. Diese haben im Herbst rot- und gelb gefärbtes Laub und tauchen so diese graue Jahreszeit in fröhliche Farben. Im Frühling wachsen zwischen ihren Fußspuren kleine wilde Orchideen mit eindrucksvollen Bllütenköpfen; seien Sie deshalb vorsichtig, wohin Sie treten.

Auf der Hochebene von Enklouvi und den Feldern, wo die berühmten Linsen und der Inselwein Vartzami angebaut werden, wächst die so genannte wilde Pfingstrose. Wenn Sie genauer hinsehen, entdecken Sie auf dem Boden die winzig kleinen wilden Stiefmütterchen und im Sommer finden Sie auf den Feldern die blauen Blüten der Kornblumen, einer in West-Europa nicht mehr existierenden Art.

Die Pfingstrose

Die ersten Regenfälle im Herbst führen auf Lefkada zu einer zweiten Blütezeit, die bis zum Dezember anhält. Weiße, violette und gelbe Herbstzeitlosen schmücken die Pfade zum Kloster Agios Ioannis auf dem Weg von Lazarata nach Alexandros. Alpenveilchen findet man zwischen den Felsen bis hin zum Kap Doukato unter den Wacholderbüschen. Nach Weihnachten blühen die wilden Narzissen. Die Bäume von Lefkada sind ein anderes Kapitel und eine andere Welt mit ihrer eigenen Geschichte. Früher waren sie noch zahlreicher. Zitronen- und Orangenbäume werfen von Nydri bis Vassiliki ihre Schatten über große Gebiete. Vorherrschend ist natürlich der Olivenbaum, immer noch das Haupterzeugnis der Insel. Es gibt aber auch einen seltenen Frainetto-Eichenwald in der Bergkette des Skaros oberhalb von Nikiana. Dieses ist einer der wenigen Wälder der Insel; leider haben wir es immer noch nicht gelernt, ihn zu respektieren. In den Buschwäldern finden wir Mandelbäume und wilde Birnenbäume. Kiefern und Platanen in den Schluchten und an den Bächen. Trauerweiden am Wasserfall von Rachi und schließlich Granatapfel- und Quittenbäume an den Hecken, bedeckt von wilden Waldreben und Geisblatt. All dies und noch viel mehr Kräuter, Blumen und Büsche enthält diese wunderbare Inselwelt, ein wahres Paradies für alle, die die Natur lieben.

Vor einigen Jahren entdeckte ein Botaniker, der als Tourist auf Lefkada war, am Strand von Gyras eine bis dahin unbekannte Blume, die er **Arenaria Lefkadia** (Levkadisches Sandkraut) nannte. Für alle Interessierten: Vom Frühling bis zum Herbst organisieren Brigitte Roth und Aris Kokotsis (Tel: 2645041309, Alexandros, Lefkada) botanische Kräuterwanderungen und Heilkräuterseminare. Hier können Sie durch Ihre Sinne in Kontakt mit der wunderbaren Welt der Heilpflanzen kommen und erfahren von deren Anwendung.

SITTEN UND GEBRÄUCHE

Das Anrühren des Teiges für das "Weihnachtsbrot" (Christopsomou) oder den "Weihnachtskranz" (Christokoulourou) bildet den krönenden Abschluss der Weihnachtsvorbereitungen. Zuerst findet die Prozedur des Opferbrotes statt, welches mit dem Siegel der Familie versehen wird und danach backt man das "Weihnachtsbrot": Das "Weihnachtsbrot" in Form eines Kreuzes, welches für den Abend vor Weihnachten bestimmt ist sowie das "Weihnachtsbrot" für Neujahr und die "Vlaches" (Nachbildung einer weiblichen Puppe) sowie die "Doxaria" (Nachahmung eines Zopfes) für die Kinder der Familie aber auch für die Waisen und Armen.

Weihnachten auf dem Hauptplatz von Lefkada Stadt

NEUJAHR

In Lefkada Stadt wird das Neue Jahr mit der Sitte der Diana begrüßt. Diana ist die frühmorgendliche Hymne, ein munterer Marsch, den vom Philharmonischen-Orchester gespielt wird.

THEOFANIA (Dreikönigsfest, bzw. Epiphanienfest)

In Lefkada Stadt wird die Segnung der Gewässer mit großer Pracht begangen. Nach Beendigung der Heiligen Messe in den Kirchen, schreitet der Erzbischof der Evangelistria Kirche an der Spitze der ihm folgenden Bürger der Stadt und der gesamten heiligen Prozession, die aus der der Prozessionsfahne, den Laternen, den Bannern und selbstverständlich der Heiligen Ikone der Taufe besteht, zum Hafen. Hier wirft der Erzbischof das Kreuz ins Meer. Einige junge fromme Männer springen hinein, um das Kreuz herauf zu holen, die meisten Anderen halten Orangenzweige an Schnüren und tauchen diese drei Mal ins Meer, genau in dem Moment, wo der Erzbischof das Kreuz wirft. Diese geheiligten Orangen werden anschließend an die Ikonen gehängt.

KARNEVAL

Am letzten Karnevalssonntag wird in der Stadt Lefkada ein großer Umzug mit phantasievoll geschmückten Wagen organisiert, der zusammen mit den maskierten fröhlichen Bürgern, die Witze erzählen und sich gegenseitig Streiche spielen, zum Marktplatz zieht.

KARWOCHE – OSTERN

Am Abend des Karfreitags findet die Prozession des Epitafios statt. In der Stadt Lefkada, wo jede Kirche über ihren eigenen Epitafio (Heiliger Baldachin) verfügt und jeder Stadtteil sein Epitafio hat, vereinigen sich alle mit dem der Kathedrale, den Würdenträgern und dem philharmonischen Orchester und bewegen sich über den Markt zum zentralen Hauptplatz. Die Atmosphäre am Karsamstag ist schon von morgens an festlich. Das philharmonische Orchester erscheint morgens auf dem Markt, spielt Märsche und gibt den Hausfrauen das Signal, "na rixoun to kommati" (das Teil zu werfen), d. h. ein zerbrechliches Tongefäß zu werfen, welches beim Auseinanderbrechen entsprechenden Lärm macht und dadurch die Trauer der Karwoche – oder nach einer anderen Auslegung den Judas tötet, der Christus verraten hat – beendet.

SOMMER

Während des Sommers werden verschiedene volkstümliche und religiöse Jahrmärkte veranstaltet. Diese Veranstaltungen werden ausführlich im Programm der Gemeinde und der Präfektur erwähnt. Von besonderem Interesse sind die Nachstellung einer Bauernhochzeit in Karya sowie das "Linsenfest" in Agios Donatos.

Terrassenanbau mit Mauern aus Natursteinen zur Befestigung des Bodens

Die regionale Linsenart aus Enklouvi

foto: Eleonora Florou / Enklouvi Lefkada

DIE KÜCHE VON LEFKADA

Von Evi Voutsina (Köchin, Schriftstellerin)

Wie überall hat sich auch auf Lefkada die traditionelle Küche bis etwa in die 60iger Jahre ständig weiter entwickelt. Bis dahin war die Verbindung mit dem restlichen Griechenland schwierig und folglich bestand die einheimische Küche aus regionalen Produkten. Zuerst einmal muss man die Küche der Stadt Lefkada, der Hauptstadt der Insel, von derjenigen der Dörfer unterscheiden. Die Einwohner der Stadt waren Fischer, Kleinhändler, in der Mehrheit berufstätig und hatten keine eigene Ernte. Die Zutaten zum Kochen und auch das Brot wurden gekauft. Es gab eine kleine Anzahl von 'Landadel' (Großhändler und Großgrundbesitzer) die über größere Auswahlmöglichkeiten verfügten. In den Dörfern mussten die Hausfrauen ihre Familien selbst versorgen, da es weder Geschäfte noch Geld gab. Die Bauern verkauften ihre Ernteerzeugnisse oder tauschten sie gegen andere Waren ein.

Das Haupterzeugnis der Insel ist das Öl (50% der bestellten Fläche). Außerdem gibt es einen guten Wein aus einheimischen Trauben sowie in kleinem Umfang Getreide, vor allem Weizen, der gerade für den Brotbedarf reicht. Da die Insel gebirgig ist und nur über geringe Anbauflächen verfügt, wird der Anbau auf Terrassen betrieben, die durch Steinmauern abgestützt werden und die charakteristische Schönheit der Region ausmachen. Der Terrassenanbau schließt natürlich gleichzeitig jede maschinelle Bearbeitung aus. Aufgrund der begrenzten Anbaufläche und des Wassermangels ist der Anbau von Gemüse sehr gering. Das Gleiche gilt auch für Hülsenfrüchte; von der kleinen Ernte der Familien werden die Saubohnen, Brechbohnen und Feldbohnen etc. frisch gekocht und der Rest im Winter getrocknet.

Auf der Hochebene von Enklouvi in einer Region von einzigartiger Schönheit, liegen die alonakia, die Linsenfelder, die ebenfalls terrassenförmig mit Steinmauern und Voltous, den runden Unterständen aus Natursteinen, angelegt sind und wo eine unvergleichliche Linsenart angebaut wird, die aufgrund ihrer Qualität und ihres Geschmacks sehr gefragt ist. Wie in Enklouvi als auch auf der ganzen Insel werden die Linsen mit Knoblauch und Oregano zu einer dicken Suppe gekocht. Gemüse gibt es nur wenig aber es ist sehr schmackhaft und wird in verschiedenen Variationen zubereitet, vor allem aber "ladera", das bedeutet in Olivenöl gegart. In den Dörfern, wo das Öl aus dem familieneigenen Anbau stammt, wird oft noch zusätzliches Öl darüber gegeben. Im Grunde ersetzt der Nährwert des Öles den Mangel an fleischlicher Nahrung.

Die traditionelle Gemüsepita

φωτο: Ελεονώρα Φιώρου / Λεύκωμα Εγκλουβή

In der Stadt Lefkada kauft man das Gemüse beim Gemüsehändler oder bei den umherziehenden Händlern, die mit ihren Eseln, welche mit Körben beladen sind, durch die Gassen ziehen und laut ihre Waren anpreisen. Diese Händler haben ihre Felder meistens rund um die Stadt. Im Winter wächst aufgrund des endlosen Regens der wilde "Chorta" (Löwenzahn u. ä.) sehr üppig und wird in den Dörfern von den Frauen gesammelt. In der Stadt findet man ihn auf einem Spaziergang im Olivenhain, er wird aber vor allem von den"Vlaches",und "Sarakatsanes" (benachbarte Hirtenstämme) geliefert, die mit ihren Herden in Agios Nikolaos in Akarnania überwintern und häufig mit einem riesigen Sack voller "Chorta" auf dem Rücken zu Fuß nach Lefkada kommen.

"Pita" findet man in der Stadt nicht häufig, ganz anders als auf den Dörfern, wo sie ein verbreitetes und häufiges Gericht sind. Außer der Gemüsepita mit wildem Chorta sind auch die Reispita und die Nudelpita mit Eiern, Milch, Öl und Käse erwähnenswert. Auch die "Brianipita" aus dicken grünen Kürbissen und viele andere sind bekannt. Gekochtes "Chorta" (Gemüse für die Einwohner von Lefkada) zusammen mit gebratenen "Lianomata" (kleinen Fische) sind ein verbreitetes und einfaches Gericht. Auch z. B. mit Blumenkohl oder Weißkohl bekannt.

Der Fischreichtum vor allem in der Stadt Lefkada ist groß, da es außer dem Meer noch die Lagune mit den Fischzuchtanlagen ausgewählter Fische gibt. Schwarze Skorpines in ihrem Saft und mit reichlich Zwiebeln gekocht, Fischsuppen, Aal im Ofen mit Zwiebeln und Lorbeerblättern, Thunfisch oder Mouxinaria mit Knoblauch, kleinen Kartoffeln und Oregano im Ofen und noch viele, viele andere Gerichte kennt man. Die Krönung aber ist gekochter "Steradi" (männliche große Meeräsche aus der Lagune) mit "Ladolemono" (Öl-Zitronenmischung) im Winter und sauren Trauben im Sommer, ein Meisterwerk! Von der weiblichen Meeräsche stammt der "Avgotaracho"(weißer Fischroggen), wenig, aber erlesen. Fische und Meeresfrüchte genießt man in allen Dörfern am Meer, die Bewohner der Bergdörfer müssen schon nach Lefkada Stadt kommen, um Fisch zu kaufen, es sei denn ein umherziehender Händler kommt bis zu diesen Dörfern. Dort gibt es aber immer gepökelten Stockfisch und Sardellen, Delikatessen, die auch die Einwohner der Stadt schätzen. Die Meeresmollusken und die "Ostraka" (Muschelart) sind besonders beliebt: In ihrer Tinte gekochte Tintenfische mit Reis, Nudeln oder Kartoffeln, gekochte oder gegrillte Kraken im Ofen, Kalamari gekocht mit Reis oder gegrillt. Das Angebot an "Ostraka", Miesmuscheln, "Achivades" (Muschelart), die normalerweise mit Reis gekocht werden, ist riesig, vor allem in der großen Fastzeit. Die Ostraka stammten auch aus der ausgewählten Produktion von Amvrakikos aus Preveza und wurden mit dem Boot, das auch die tägliche Fährverbindung herstellte und privat betrieben wurde, befördert. Andere Meeresfrüchte wie Seeigel, Prosforiten und ähnliche werden, wenn es sie gibt, als Delikatesse genossen, da sie nur schwer den Appetit einer vielköpfigen Familie stillen.

Je nach Jahreszeit gibt es nur wenig Obst. Feigen und die einheimische Traubenart "Patrino", reichlich Quitten und Mandeln, aber nur wenige Zitrusfrüchte, die vor allem aus der Ebene von Nydri stammen. Eine besondere Birnenart, die "Onades", mit braunem, saftigen Fruchtfleisch und kleine wunderbare, mittlerweile vergessene Äpfel aus den Gebirgen im Sommer. Außerdem kleine aromatische Honigmelonen aus Peratia und Plagia (aus der nahen, gegenüberliegenden Küste von Akarnania), die aufgrund einer fehlenden Straße mit dem Einbaum transportiert werden. Ein willkommenes Geschenk für die Kinder waren Bananen, welche die Erwachsenen aus Athen mitbrachten, eine damals exotische Frucht!

Fleisch wurde normalerweise mit Nudeln, Reis oder Kartoffeln gekocht, aber auch als Suppen. Auf den Dörfern wird seltener Fleisch gegessen als in der Stadt, wo es Metzgereien gibt und man jederzeit alles kaufen kann. Die Metzgereien stellten damals wie heute die berühmte luftgetrocknete Salami und Würste aus Schweinefleisch her. Die Salami von Lefkada mit einem Hauch Knoblauch und ganzen Pfefferkörnern war auch früher schon außerhalb von Lefkada bekannt. In den Bauernhäusern hielt man zwei bis drei Ziegen, viele auch ein weibliches Schaf wegen der Milch für die Kinder und um den Käsebedarf zu decken. Von organisierter Viehzucht kann man nicht sprechen, vielleicht mit Ausnahme der Hochebene, den Skaros, wo es kleine Herden gab, deren gesamte Erzeugnisse aber nur knapp die regionalen Bedürfnisse deckten. Außer "Kefalotiria" (Käsesorte) konnte man auch andere Käsesorten (Schafskäse vor allem) von der gegenüberliegenden Küste in den Geschäften der Stadt finden.

In den Dörfern kannte man den Luxus von Konditoreien nicht. Alle Familien verfügten aber das ganze Jahr hindurch über "Petimesi", gekochten und fest gewordenen Most, "Soutsoukia" (Süßigkeit), getrocknete "Moustalevries" sowie "Sykomagides" eine Art Pita aus getrockneten Feigen, Mandeln und Gewürzen, die während des ganzen Jahres in Weinblättern aufbewahrt wurden.

Außer den Cafés der Stadt, wo man ein Stück "Blechsüßigkeit" bekommen kann, gibt es zwei einheimische Konditoreien mit hervorragenden Süßigkeiten wie "Baklava", "Kadaifi", "Galaktoboureko", "Kopenhagener", Mandelpita und vieles andere, aber auch den authentischen "Kok" und jeder, der es je probiert hat, trägt die Erinnerung daran in seinem Herzen.

Ein typisches Erfrischungsgetränk ist die Soumada (dicker Sirup aus Bittermandeln), welcher die Spaziergänger am Sonntagnachmittag mit dem dazu gereichten, mit Koriander gewürzten Zwieback, erfrischt.

Pastelli (Sesamsüßigkeit) mit Mandeln und Mandolato (Nougat) mit Honig und Mandeln, die ausschließlich von den Friseuren hergestellt werden; ihre Rezepte bleiben ein gut gehütetes Geheimnis. Es wird in Zellophan-Papier gewickelt vor den Frisiersalons auf Marmortischen aus Glasbehältern verkauft und ist in zwei Größen erhältlich.

In diesem kurzen Kapitel sollten auch die kleinen Dinge nicht fehlen, die in Lefkada Stadt als "Snacks" verkauft werden. Im Winter z. B. kleine gekochte Krebse voller Roggen aus der Lagune, im Frühling die winzigen wilden gekochten Artischocken, die Koukoutses. Im Sommer kann man außer den in ganz Griechenland bekannten gegrillten Maiskolben kleine Päckchen Kichererbsen mit frischem grünem Kichererbsen-Kraut kaufen.

Am Ende möchte ich noch erwähnen, dass Lefkada mit seiner besonderen Landschaft und dem einzigartigen Licht, die schon von Sikelianos und Valaoritis gepriesen wurden, auch über eine intensive geschmackliche Identität verfügt, je nach der geistigen und volkstümlichen Überlieferung. Und mit Sicherheit bietet es eine geschmackliche Vielfalt, die den Alltag seiner Bewohner bereichert.

Tintenfisch in seiner Tinte mit Reis

Die Art der Zubereitung wird Sie an das italienische Risotto erinnern. Wenn die Garzeit beendet ist, sollte das Gericht innerhalb von 10 – 15 Minuten serviert werden. Sie können den Tintenfisch und den Reis voneinander getrennt kochen und kurz vor dem Servieren miteinander vermischen. Dies ist auf Lefkada ein Hauptgericht, das Sie mit frischen Salat servieren können. Das ist die griechische Art der Ernährung (auch des Mittelmeerraumes). Das Rezept reicht für 4 Personen.

Zutaten:
1 Kilo ausgenommener Tintenfisch – die Tinte extra
1 geriebene Zwiebel
2-3 Knoblauchzehen
1 Weinglas besten Olivenöls
Etwas Salz und schwarzen Pfeffer
300 g weißen Reis (Karolina oder Arborio)

Zum Garnieren: einige Streifen roten Paprikas und Petersilie

Zubereitung:
Schneiden Sie die Tintenfische in kleine Stücke und waschen Sie sie gründlich. Lassen Sie die Tintenfische in einem Sieb abtropfen. Geben Sie das Öl in einen flachen Topf und schmoren Sie die Tintenfische zusammen mit den Zwiebeln. Danach geben Sie den Knoblauch, den Pfeffer sowie die Beutel mit der Tinte, in die Sie kleine Löcher gemacht haben, dazu. Fügen Sie kochendes Wasser bei, um die Tintenfische zu garen. Sie müssen in der Sauce bleiben. So können Sie den Tintenfisch auf weißem Reis anrichten und servieren. Sie können aber auch 700 ml Wasser und einen halben Teelöffel Salz hinzugeben und wenn es kocht, geben Sie den gewaschenen Reis dazu. Umrühren und solange kochen, bis das Wasser vom Reis aufgesogen worden ist. Schmecken Sie nach Belieben mit Pfeffer ab. Zum Schluss geben Sie feingehackte Petersilie und rote Paprikastreifen als Garnitur darüber.

KULINARISCHES – UNTERHALTUNG

In fast allen der vielen Restaurants, die sich in Lefkada Stadt befinden, kann sich der Gast auf köstliches Essen freuen. An der westlichen und östlichen Uferstraße gibt es Ouzerien (übersetzt etwa: Vorspeisenlokale), Fischtavernen und sogar italienische Restaurants. In den Gassen rund um den Marktplatz findet man viele malerische Tavernen. Hier ist es ruhiger, es gibt köstliches Essen und in manchen von ihnen kann man sogar den Serenaden der Ionischen Inseln lauschen...

• Die Preise in den Tavernen und Restaurants bewegen sich zwischen 15 bis 20 Euro, offener Wein inbegriffen. • Unserer Meinung nach kann man u. a. folgende Tavernen und Restaurants empfehlen:

In der Stadt
- "Sto Molo", Inhaberin ist Fryni, an der östlichen Mole, Tel: 26450-24879.
- "Evsin", Inhaber ist Alexis, in der Philharmonie-Straße, Tel: 6974641160.
- "Regantos" in der Verioti-Straße, Tel: 26450-22855.
- "Ta Eptanisia" auf der Hauptstraße nach dem Platz, Tel:26450-24113.
- "Ta Vinaria" neben dem Hotel Santa Maura, Tel: 26450-22910
- "I Margarita" im Hafen von Lefkada, Tel: 26450-22232.

Im Osten
- In Lygia "O Ioannis" Logothetis, Tel: 26450-71407, "Ta Kanioria", Tel. 26450-71509 und "O Xouras", Tel: 26450-71312.
- In Nikiana "Pandasis", Tel: 26450-71211 und "Minas", Tel: 26450-71480.
- In Nydri "Ta Kalamia", Tel: 26450-92983, "To Varelli", Tel: 26450-92906 und etwas außerhalb in Paleokatouna die Taverne von "Dimitri", Tel: 26450-92227.
- In Charadiatika die Taverne von "Pavlo" Tel: 26450-95296.

Im Süden
- In Syvota "Palia Apothiki", Tel: 26450-31895, "Stavros", Tel: 26450-31181.
- In Kontaraina "O Palios Platanos", Tel: 26450-31926.
- In Vassiliki in Richtung Ponti die Taverne "Kiani Akti", Tel: 26450-311119.

Im Westen
- In Athani "Panorama", Inhaber ist Thomas, Tel: 26450-33291.
- In Kalamitsi die Taverne "Panorama", Tel: 26450-99369.
- In Agios Nikitas "O Nikitas", Tel: 26450-97389, "To Agnantio", Tel: 26450-97383 und "Portoni", Tel: 26450-97120.
- In Tsoukalades "Elia", Tel: 26450-97363.

In den Bergen
- In Vavkeri "O Platanos", Tel: 26450-41492.
- In Kolyvata "I Maria", Tel: 26450-41228.
- In Syvro die drei Grilltavernen des Dorfes.

Die meisten Bars der Stadt verteilen sich über die gesamte Länge der westlichen und östlichen Uferstraße, auf einige andere stoßen Sie beim Bummel durch das Zentrum. In den frühen Morgenstunden verlagert sich das Vergnügen in die großen Clubs, die sich an der nach Agios Giannis führenden Straße befinden. Wer über die nötige Kondition verfügt, kann einen einzigartigen Sonnenaufgang über der Lagune erleben. In Nydri und Vassiliki haben Sie die Wahl zwischen verschiedenen touristischen Strandbars, die ganztägig geöffnet sind, auch zum Kaffeetrinken. Für mehr "Cult"-Unterhaltung empfehlen sich die populärsten Strandbars am Strand Kathisma im traditionellen Dorf Agios Nikitas. Außerdem werden während des ganzen Sommers vom Kulturzentrum der Gemeinde Lefkada Veranstaltungen und Konzerte organisiert, über die Sie ein genaues Programm erhalten können.

Nachwort

Wir hoffen, dass wir Ihnen mit den bisherigen Informationen einen guten Eindruck von der Insel geben konnten. Lefkada ist natürlich noch soviel mehr. Aber auch wenn der Reiseführer dreimal so umfangreich wäre, würde der Platz nicht reichen. Wir glauben aber, dass wir Ihnen einen "Schlüssel" geben konnten, damit Sie Lefkada noch besser erforschen können.

Es braucht Zeit, um den Rhythmus und den eigenartigen Humor der Einheimischen zu entdecken und zu verstehen, auf den wunderbaren Pfaden zu spazieren, die Bergdörfer wirklich kennen zu lernen, die verborgenen Strände, die Kirchen und verlassenen Klöster, die Legenden und Traditionen.

Es ist auch wichtig, Lefkada einmal zu einer anderen Jahreszeiten zu erleben und nicht nur im "verrückten" Sommer. Sie können sicher sein, dass Lefkada Sie auch dann faszinieren wird.

Nützliche Informationen

Lefkada liegt im Zentrum der Ionischen Inseln im Westen Griechenlands zwischen Korfu und Kefalonia. Es ist die Viertgrößte der Ionischen Inseln mit einer Größe von 356 Quadratkilometern und einer Küstenlänge von 117 Kilometern. Es gibt 6 Gemeinden und 2 Kommunen mit einer Gesamtbevölkerung von 23000 Einwohnern. Der höchste Berg ist der Stavrota und das Klima ist gemäßigtes Mittelmeerklima.

Anreise

Mit dem Auto: Lefkada ist die einzige Insel, die Sie mit dem Auto besuchen können, ohne dass Kosten für eine Fähre entstehen. Eine ständig befahrbare, schwimmende Brücke verbindet Lefkada mit Akarnania. Die Rio Antirio-Brücke und die Unterwasser-Verbindung Aktios haben die Zufahrt zur Insel bedeutend erleichtert. Fünf Mal täglich gibt es eine Verbindung mit Überlandbussen (KTEL) nach Athen sowie zweimal wöchentlich von und nach Thessaloniki (420 Kilometer).

Mit dem Flugzeug: Von Athen aus zum Flughafen Aktios (18 Kilometer von Lefkada entfernt) existieren tägliche Flüge, von Thessaloniki aus zweimal wöchentlich.
Eine entsprechende Flugverbindung besteht auch mit Sitia auf Kreta. Von April bis Oktober gibt es Direktflüge von Europa nach Aktios.

GRIECHENLAND / LEFKADA

Unterkunft
Bevor Sie die Insel besuchen, vor allem im Sommer, sollten Sie eine Unterkunft gebucht haben. Wenn Sie sich mit dem Internet auskennen, besuchen Sie die folgenden Websites:
www.lefkada.gr www.lefkas-familyhotels.gr

Oder wählen Sie die folgenden Rufnummern:
Hotelverband: 26450.24539
Zimmer/Apartments: 26450.21266-7 Fax 26450.21608
Camping/Osten: 26450.71103 /.92419 /.95225 /.95493
Camping/Süden: 26450.95452 /.31900 /.31308
Camping/Westen: 26450.97015

Nützliche Telefonnummern:
Busse: Athen 210.5150108 Lefkada 26450.22364
Thessaloniki 2310.595439
Olympic Airways: Athen 210.9666666
Lefkada 26450.22881
Hafenbehörde: 26450.22176 **Polizei:** 26450.29375
Krankenhaus: 25371,25376
Taxi: 21200, 24600 **Nydri:** 92000

VERBINDUNG GRIECHENLAND - LEFKADA - ITALIEN

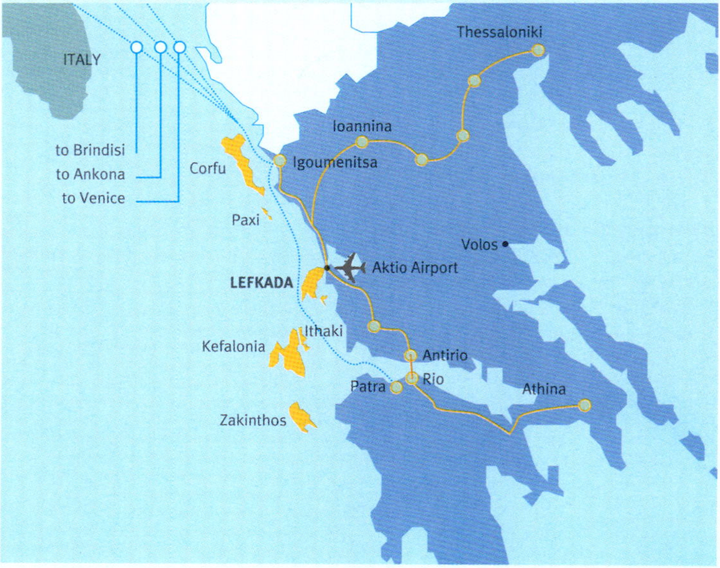

Impressum

Text: Natalia Katifori

Druckgestaltung: Nikos B. Bogdanos
Zusätzliche Texte:
Panagiotis Argyros
Valy Vaimaki
Evi Voutsina
Nikos Thermos
Aris Kokotsis

Fotografien:
Fagotto Image / Andreas Thermos
Arktos Image / Anna Kalaitzi
Valy Vaimaki / Melina Vlachou / Babis Lazaris / Sakis Ziogas / Eleonora Fiorou / Autonome Präfektur von Lefkada

Besonderen Dank an:
- Valy Vaimaki für ihre Beratung
- den Agronom Babis Lazaris für seine wichtigen Informationen
- Spyros Zambelis für seine Geduld
- Spyros Stavros, der zurückkehrte, um seinen Besitz zu fotografieren
- die Architektin Panagiota Argyro für die Analyse der Gebäude des historischen Zentrums.

Korrekturen der Artikel: Efi Plakoudaki-Grapsa

Allgemeine Redaktion – Koordinierung: Nikos Thermos

Gewidmet an Aleka, die die Gabe hat, die Insel immer weder so zu sehen, als wäre es das erste Mal.

Farbliche Korrekturen: Takis Lasarou
Layout: Chromoanalysi EPE
Druck – Buchbinden: Chromoanalysi EPE

Besorgen Sie sich in den Buchhandlungen Karten vom Verlag Fagotto von Lefkada, die stets auf dem aktuellsten Stand sind und Ihnen bei Ihren Touren sehr hilfreich sein werden.
- **Stadtkarte** (50x70cm / zweiseitig) s. nächste Seite
- **Karte der Insel** (50x70cm / zweiseitig) s. nächste Seite

Vom Verlag Fagotto wurden außerdem folgende Bücher herausgegeben:

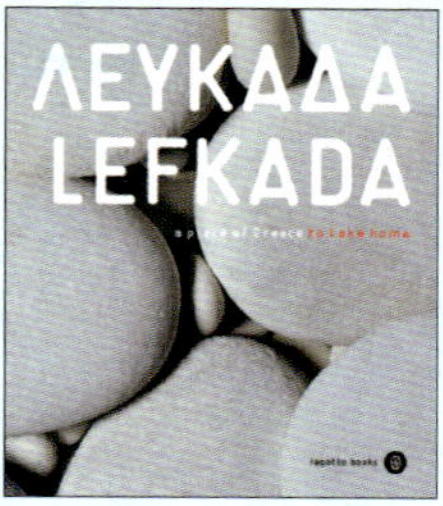

• **LEFKADA** *A piece of Greece to take home:* Ausgezeichneter Bildband von Lefkada mit Fotografien von Thanos Papadopoulos, Ausgabe 2005

• **FRITZ BERGER** Lefkada, *ena taxidi sto chrono* (Eine Reise durch die Zeit). Chronik des Schweizer Hilfsprogramms (1962 -1972) über Lefkada mit Fotografien und Texten von Fritz Berger, Mitglied der Schweizer Gesandtschaft, Ausgabe 2006. Mit einem Vorwort von Lida Papagalani

• **STAMOS** *Mia martyria gia ton Zografo* (Eine Zeugnis über den Maler) / Fivos Piobinos / Ausgabe 2003

• **Ta palia spitia tis Lefkadas** (Die alten Häuser von Lefkada) / Dimos Malakasis: Analyse der alten Häuser von Lefkada mit Skizzen des Autors, Ausgabe 2002

Außerdem empfohlen:

• **ENKLOUVI LEFKADA** Ein Dorf eine Geschichte. Die Hohepriesterinnen der Erde, das Linsenfest und die volti / Eleonora Fiorou, 2006

Eine große Bibliographie von Lefkada finden Sie in der **Öffentlichen Bibliothek Lefkada**, die Sie auf jeden Fall besuchen sollten

LEFKADA CITY MAP + GUIDE

ΧΑΡΤΗΣ – ΟΔΗΓΟΣ ΤΗΣ ΠΟΛΗΣ ΤΗΣ ΛΕΥΚΑΔΑΣ

fagotto books

LEFKADA
the Island's complete
ROADMAP

ΠΛΗΡΗΣ ΟΔΙΚΟΣ ΧΑΡΤΗΣ ΛΕΥΚΑΔΑΣ

FAGOTTOBOOKS

Dieser Führer ist auf dem Stand vom Mai 2007. Spätere Änderungen entnehmen Sie bitte bis zur Herausgabe einer aktualisierten Version der Website www.fagottobooks.gr

fagotto books

Fagotto Books: Valtetsiou 15, Athen 10680 Griechenland
Tel.: +30 210.3645147 / Fax: +30 210.2645149
Filiale auf Lefkada: Zakynthos 7, 31100 Lefkada, Griechenland
Tel./Fax: +30.26450.21095

www.fagottobooks.gr / info@fagottobooks.gr

Published in 2007 /